Rund um die Zugspitze

Dieter Seibert

Rund um die Zugspitze

mit Ammergauer Alpen und Werdenfelser Land

50 ausgewählte Tal- und Höhenwanderungen
rund um Oberammergau, Ehrwald, Garmisch-Partenkirchen,
Mittenwald, Leutasch und Seefeld

Mit 54 Farbfotos und
50 Wanderkärtchen im Maßstab 1:50.000

BERGVERLAG RUDOLF ROTHER GMBH · MÜNCHEN

Umschlagbild:
Am Fernpaß, im Hintergrund der Wamperte Schrofen.

Bild gegenüber dem Titel (Seite 2):
Blick vom Sebensee auf den Zugspitzstock.

Alle Fotos außer S. 2 (Siegfried Garnweidner) stammen vom Autor.

Kartographie:
Wanderkärtchen im Maßstab 1:50.000

(gezeichnet von Gertrude und Wilhelm J. Wagner)

6. Auflage 2000

ISBN 3-7633-4264-8

Gesamtherstellung: Rother Druck GmbH, München

Bergverlag Rother · Haidgraben 3 · D-85521 Ottobrunn
Tel. (089) 608669-0 · Fax (089) 60866969
Internet www.rother.de · **E-mail** leserzuschrift@rother.de

Vorwort

Mit seinen sechzehn Lebensjahren bildet dieser Band schon eine Art Klassiker unter den Rother Wanderführern. Er war 1985 der erste seiner Art, ein gelungener Wurf sozusagen, wie die so zahlreiche Nachkommenschaft eindrucksvoll dokumentiert. Sehr erfreulich ist die Tatsache, daß sich in der Zwischenzeit im Tourenbereich rund um die Zugspitze nicht allzuviel geändert hat. Der einst schon fast hysterische Boom an neuen Bauten und Erschließungen wurde zumindest in dieser Region von einem ruhigen Bewahren abgelöst.

Der mächtige Felsbau der Zugspitze beherrscht zwar das Werdenfelser Land, doch dieser Wanderführer soll uns ein ungleich größeres Gebiet erschließen. Es reicht im Norden bis zum Alpenrand, im Westen gehört noch der „Trioler Fjord", der Plansee, dazu, während die Südgrenze die Täler von Ehrwald und Leutasch bilden. Als Blickfang wird dieser gewaltige Berg uns jedoch nun oft begleiten.

Drei Elemente bestimmen den Charakter unseres Berggebietes. Die großen, stattlichen, sehr schmucken Dörfer liegen fast ausnahmslos in weiten, sonnenreichen, von Wiesen überzogenen Talböden. Das ergibt eine heitere Landschaft – und zwar mit sehr malerischem Hintergrund. Das zweite, allgegenwärtige Element sind nämlich die großen, hellgrauen Kalkberge, teils scharfgeschnittene Zinnen, teilweise kilometerlange, gezackte Grate über hohen Wandfluchten. Sie drängen nie gegen die Täler vor und wirken deshalb nicht drohend und abweisend. Als drittes Element kommt das Wasser dazu. Nicht weniger als vierzig Seen schmücken die Landschaft – Seen unterschiedlichsten Charakters. Da gibt es ebenso die weite Fläche des Walchensees wie „verträumte blaue Augen" in den Hochkaren am Fuß der Felsgipfel. Und zu allen Bergtälern gehören die wasserreichen Wildbäche.

Es sind wiederum drei Voraussetzungen, die unser erweitertes Gebiet um die Zugspitze zum echten Wander-Dorado stempeln. Als erstes muß man das Wegenetz erwähnen. Im Bereich der Voralpen führen auf fast alle Gipfel gut angelegte und markierte Steige. Und selbst in den großen Felsrevieren von Wetterstein, Karwendel und Mieminger Bergen öffnen die Wege und Steige auch dem Wanderer ein weites Betätigungsfeld. Das nächste Plus ist die hohe Lage der Talorte und die Möglichkeit, mit Bahnen und Liften interessante Ausgangspunkte zu erreichen. Und nicht zuletzt muß man die Schönheit der Landschaft mit all dem Sehenswerten und den Attraktionen nennen.

Sonthofen, im Frühling 2000 — Dieter Seibert

Inhaltsverzeichnis

Touristische Hinweise

Gebrauch des Führers

Das Inhaltsverzeichnis informiert über den Aufbau des Buches und gibt einen Überblick über alle nachstehend beschriebenen Wanderwege. Innerhalb eines Tourenvorschlags findet man wichtige Informationen zunächst in Form eines Steckbriefs. Es folgt eine eingehende Würdigung, sodann eine kurze Beschreibung des entsprechenden Weges. Ergänzt wird der Text durch eine mehrfarbige Wanderkarte mit eingezeichneter Route und einem Farbbild. Wichtiger Bestandteil des Führers ist das Stichwortverzeichnis am Schluß. Hier sind alle behandelten Berggruppen, Talorte, Ausgangspunkte, Stützpunkte und Tourenziele angeführt. Schließlich informiert eine Übersichtskarte über die Lage der behandelten Tourengebiete.

Anforderungen

Die meisten Wanderungen verlaufen auf gut instandgehaltenen und markierten Steigen und Wegen. Dies sollte jedoch nicht darüber hinwegtäuschen, daß manche Stellen Trittsicherheit und Schwindelfreiheit erfordern. Um die jeweiligen Anforderungen besser einschätzen zu können, wurden die Nummern der Tourenvorschläge mit verschiedenen Farben markiert. Die Farben erklären sich wie folgt:

BLAU

Hierbei handelt es sich um ausreichend breite, mäßige, steile, gut und lückenlos markierte Wege, die sich überwiegend in Tallagen und Almregionen unterhalb 1800 Meter bewegen. Sie sind auch bei unsicherem Wetter relativ gefahrlos zu begehen und bestens für Familien mit Kindern oder für Senioren geeignet.

ROT

Diese Wege sind ausreichend markiert, teilweise aber bereits schmal und recht steil angelegt; sie bewegen sich meist in Höhenlagen unter 2500 Meter und sollten nur von erfahrenen, mit entsprechender Ausrüstung ausgestatteten Wanderern angegangen werden.

SCHWARZ

Auch diese Steige sind ausreichend markiert, überwiegend aber schmal und über weite Abschnitte steil angelegt. Sie können sich bereits in hochalpinen Lagen über 2500 Meter bewegen. Stellenweise können sie sehr ausgesetzt sein, manchmal wird die Zuhilfenahme der Hände notwendig. Dies bedeutet, daß diese Steige nur von absolut trittsicheren, konditionsstarken, alpin erfahrenen und entprechend ausgerüsteten Wanderern begangen werden sollten. Die Gesamtgehzeit kann auch über 7 Stunden betragen.

Gefahren

Obwohl sämtliche hier angeführten Wanderungen gebahnten Wegen oder Straßen folgen, ist an einzelnen abrutschbereiten Stellen, bei Querung steiler Hänge oder im steinschlaggefährdeten Gelände Vorsicht am Platze.

Ausrüstung

Feste Schuhe mit Profilgummisohle, Kniebundhose sowie Rucksack mit Pullover, Regenschutz, Sonnenschutz (Creme, Kopfbedeckung), Anorak und kleinerem Tourenproviant (Wasserflasche!) sind Voraussetzung.

Karten

Die den einzelnen Wandervorschlägen beigegebenen, mehrfarbigen Karten mit Routeneintragungen sind ein wesentlicher Bestandteil des Führers. Mit ihnen erübrigt sich die Mitnahme anderer Wander- und Spezialkarten.

Gehzeiten

Zeitangaben sind zwar reichlich bemessen, enthalten jedoch nur die *reine* Gehzeit, Rastpausen, Fotopausen etc. wurden nicht berücksichtigt. Es werden Anstiegs-, Abstiegs- und Gesamtgehzeit vermerkt. Bei Rundwanderungen oder längeren Touren sind auch Zeiten für einzelne Etappen angeführt.

Schutzhütten, Gaststätten, Restaurants

Im Abschnitt „Einkehrmöglichkeiten“ findet man alle an einer Wanderroute gelegenen, zur Sommerzeit geöffneten Stützpunkte.

Künstliche Aufstiegshilfen

Von Stützpunkten, die mit Seil- oder Sesselbahn erreichbar sind, werden einige Wanderungen im Abstieg beschrieben. Man beachte, daß diese Anlagen oft nur während der Sommermonate Juli, August und September in Betrieb sind. In der übrigen Zeit können solche Tourenziele bzw. Ausgangspunkte nur zu Fuß erreicht werden.

Einleitung

Sehenswürdigkeiten

Oberammergau, 837 m. Der bekannte Passionsspielort erhält durch die zahlreichen bemalten Hausfassaden (Lüftlmalerei, die hier ihren Ursprung hat) und die vielen Geschäfte mit Holzschnitzereien einen ganz eigenen Dorfcharakter. Sehenswert ist die barocke Pfarrkirche von Josef Schmuzer mit ihrer reichen Innenausstattung von Matthäus Günther und Franz Xaver Schmädl.

Linderhof, 942 m. Für Bayerns „Märchenkönig“ Ludwig II. wurde dieses Lustschloß und die dazugehörigen Parkanlagen mit Figuren, Kaskaden und Wasserspielen im einsamen Waldgebiet des Ammertales errichtet. Es ist zwar eine Schöpfung des 19. Jahrhunderts, ahmt jedoch Barock und Rokoko nach.

Kloster Ettal, 877 m. Mittelpunkt der Benediktiner-Klosteranlage ist die sehenswerte Kirche mit ihrer auffallend hochgewölbten Kuppel. Die einst gotische Anlage wurde durch die Baumeister Zucalli und Schmuzer barock umgestaltet. Sie birgt eine feine Innenausstattung der bekanntesten Künstler der Zeit wie Johann Baptist Zimmermann.

Garmisch-Partenkirchen, 708 m. Das „größte Dorf Bayerns“, eine Siedlung, die bis in die Römerzeit zurückreicht, füllt fast das ganze Talbecken inmitten dieser schönen Hochgebirgskulisse. Die alte und die neue Pfarrkirche St. Martin und die Wallfahrtskirche St. Anton lohnen einen Besuch. Etwas nördlich des Ortes steht auf einer Geländekante die Ruine Werdenfels. Dieses Grafengeschlecht verhalf der gesamten Region zu dem Namen Werdenfelser Land.

Seefeld, 1180 m. In diesem beliebten und schon etwas mondänen Ferienort steht eine besonders schöne, spätgotische Staffelkirche mit reich gestaltetem Hauptportal und gotischen Figuren.

Mittenwald, 913 m. Der als Geigenbauerzentrum bekannte Ort mit seiner malerischen Bergkulisse ist eine der höchstgelegenen Gemeinden Deutschlands. Sehenswert ist die barocke Pfarrkirche, ein Werk von Josef Schmuzer, mit ihrem bemalten Turm und den Fresken von Matthäus Günther, sowie der Ortskern mit seinen Lüftlmaler-Häusern und das Geigenbaumuseum.

Schlehdorf, 610 m. Die weiträumige Klosteranlage in der Nähe des Kochelsees untersteht den Augustiner-Chorherrn. Mittelpunkt bildet die

Klosterkirche, die in der Übergangszeit vom Rokoko zum Klassizismus errichtet wurde.

Glentleiten, 790 m. Dieses Freilichtmuseum gibt einen ausgezeichneten Einblick in die dörfliche und bäuerliche Kultur der letzten Jahrhunderte. Zufahrtsstraße von Großweil.

Murnau, 688 m. In dem stattlichen, zwischen zwei Badeseen gelegenen Markt steht eine sehenswerte Barockkirche mit schönem Rokoko-Hochaltar und Schnitzereien. Reizvolle Beispiele für das ländliche Rokoko findet man in den Filialkirchen der benachbarten Dörfer Seehausen und Froschhausen.

Die Schleierfälle an der Ammer.

Naturschönheiten

Schleierfälle. Dieser kleine Wasserfall bietet ein ganz besonderes Naturschauspiel. Ein Nebenbach der Ammer lagert seinen im Wasser mitgeführten Kalk in baldachinartigen Vorsprüngen ab und schafft so Dächer, Höhlen und kleine Bassins. Das Wasser stürzt zu vielen Tropfen zerteilt darüber hinab und bildet eine Art Perlenvorhang. Durch den Überzug von saftig grünem Moos bekommen die Schleierfälle noch eine ganz besondere Eigenart. Zugang von Saulgrub siehe Tour 5.

Scheibum. 600 Meter nördlich des E-Werkes Kammerl (Zufahrt von Saulgrub) hat sich die Ammer durch die schrägstehenden Felsschichten gegraben. So sind im Flußbett querlaufende Felsrippen und besonders tiefe Gufeln entstanden, Prüfsteine für die Wildwasserfahrer. Die rötlichen Felsen bestehen aus schön ausgebildeten Konglomeraten; rundgeschliffene Kiesel der verschiedensten Größen sind zu einem kompakten Gestein zusammengebacken, das teilweise an Waschbeton erinnert. Zugang siehe Wanderung 5.

Schleifmühlenklamm. Der Gang durch das kurze Tal mit dem rauschenden Bach, den Gufeln und kleinen Wasserfällen ist ein reizvoller Spaziergang (siehe Wanderung 7). Die Hüttchen im unteren Teil des Tales waren einst Schleifmühlen, in denen man jahrhundertelang Wetzsteine herstellte. Oberhalb, am Schartenköpfl, findet man vorzüglich geeignetes Rohmaterial dazu.

Partnachklamm. Die 600 Meter lange Klamm mit ihren vollkommen senkrechten Seitenwänden bis zu 60 Meter Höhe gehört zu den eindrucksvollsten Schluchten der Alpen. Mit Hilfe von acht Tunneln und kühn an die Felsen gebauten Stegen hat man die Klamm für das Publikum erschlossen (siehe auch Wanderung 31).

Höllentalklamm. Dieser Einschnitt gehört zu den - seltenen - Klammen mit starkem Gefälle. Der Hammersbach tost und donnert durch die Schlucht, die zudem bis weit ins Jahr hinein teilweise mit Lawinenschnee angefüllt ist. Wegen des herabtropfenden Wassers wäre Regenkleidung empfehlenswert. Siehe auch Wanderung 29.

Seebenfall. Von der Talstation der Bahn zur Ehrwalder Alm (siehe Tour 26) gelangt man in gemütlicher, einstündiger Wanderung über Wiesen an den Fuß der Seebenwände. Dort stürzt der Seebenbach über eine gut 100 Meter hohe Stufe herab.

Fernpaß-Bergsturz. Die durch ihre „bizarre Unordnung“ so malerische Landschaft am Fernpaß hat ein gewaltiger, prähistorischer Bergsturz geschaffen, dessen Trümmermaterial hier gut 200 Meter hoch das einstige Tal anfüllt. Ein besonders schöner Spaziergang in dieser Minikuppen-Landschaft ist eine Umrundung des Fernsteinsees mit seiner kegelförmigen Insel.

Leutaschklamm. Auch hier handelt es sich um eine Felsschlucht mit glatten, senkrechten Wänden, die von den Wasserstrudeln muschelartig ausgewaschen wurden. Die - unverständlicherweise - nur im ersten Abschnitt erschlossene Klamm liegt unmittelbar südlich von Mittenwald.

Großer Wasserfall. Die Wanderung zu diesem Wasserfall wird bei Tour 44 beschrieben. Das Besondere: Der Bach quillt direkt oberhalb des Falls aus dem Felsgelände. Leider läßt sich diese Quelle nicht erreichen.

Murnauer Moos. Diese kilometerweite Moorfläche zeichnet sich durch eine reiche Flora und die entsprechende Fauna aus. Dort gibt es zum Beispiel mit Märzenbechern übersäte Frühlingswiesen. Beim Ramsachkircherl südlich von Murnau beginnt der „Moos-Rundweg", eine lohnende Wanderung von 3 Std. Dauer.

Asamklamm. Diese Felsschlucht der Eschenlaine ist leider nur in ihrem ersten Teil zugängig. Ein reizvoller Kontrast ergibt sich aus der Möglichkeit, erst im teilweise trockenen Bachbett in die Klamm einzudringen und sie dann später an der gleichen Stelle auf einer hohen Brücke zu überqueren. 15 Min. Wanderung von Eschenlohe-Wengen.

Kuhflucht-Wasserfälle. Über den reißenden Bach berichten wir ausführlich bei der Wanderung 50.

Ausflugsziele

Hier folgen eine Aufstellung und kurze Beschreibungen der schönsten Ausflugsziele, die man bei einem Spaziergang oder ganz ohne Fußmarsch erreichen kann. Es handelt sich dabei um Aussichtspunkte, die einen informativen Überblick erlauben oder die die großen Berge in ihrer Schönheit besonders eindrucksvoll zeigen. Oft stehen Berggasthäuser an diesen Aussichtsplätzen, und man kann dann den Rundblick in aller Gemütlichkeit bei einer Tasse Kaffee oder einem Bier genießen.

Hörnlehütte, 1380 m. Bei Tour 1 ist die Sessellift-Zufahrt zu dieser Berghütte beschrieben. Dort oben gewinnt man einen guten Überblick über das gesamte Alpenvorland bis hinaus zum Staffelsee, ja, selbst Ammer- und Starnberger See gehören zum Panorama.

Romanshöhe, 960 m. Der gleichnamige Berggasthof liegt an den sonnigen Wiesenhängen nördlich über dem Passionsspielort Oberammergau. Vom Parkplatz am Schwimmbad erreicht man ihn in gemütlicher Wanderung auf dem Altherrenweg über die von Bächen zerfurchten Hänge in 40 Min.

Laber, 1686 m. Auf diesen steilen Berg gelangt man von Oberammergau mit der Seilbahn (siehe auch Wanderung 3). Von dort oben ist der Blick auf das Wettersteingebirge besonders reizvoll. Eine Attraktion bildet der Start der Drachenflieger am überaus steilen Hang.

St. Martin, 1030 m. Wie ein Lug-ins-(Wetterstein)Land liegt dieses Berggasthaus an den Südosthängen des Kramers. Man wandert vom Stadion in Garmisch aus in gut 1 Std. dort hinauf.

Kreuzeck – Hochalm, 1705 m. Die Kreuzeck-Seilbahn befördert viele Begeisterte in dieses so beliebte Ausflugsgebiet. Vom Kreuzeck, 1651 m, kann man dann in 30 Min. auf dem Promenadeweg zum Berggasthaus Hochalm wandern und hat dabei stets die etwa 600 Meter hohe Nordwand der Alpspitze, 2620 m, vor Augen.

Eckbauer, 1237 m. Dieses Berggasthaus steht in herrlich freier Lage auf dem Wamberger Rücken. Besonders imposant präsentiert sich von dort aus die Dreitorspitze, 2682 m. Man erreicht es vom Skistadion bei Partenkirchen mit der Kabinen-Seilbahn.

Pfeifferalm, 949 m. Etwa 3 km östlich von Partenkirchen zweigt von der Mittenwalder Straße die Zufahrt zu den Berggasthäusern Pfeifferalm und Gschwandnerbauer, 1020 m, ab. Schöner Blick nach Süden.

Ehrwalder Alm, 1500 m. Die Bahnfahrt zu den weiten Wiesenböden der Ehrwalder Alm (zwei Gasthöfe) ist bei Wanderung 26 beschrieben. Die rostroten Felswände des Wettersteins und die gezackten Gipfel der Mieminger Berge sorgen für eine malerische Kulisse.

Hemermoosalm, 1417 m. Die als Gasthaus ausgebaute Alm liegt auf freien Bergmatten. Imposant ist der Anblick der Mieminger Gipfel (Hohe Munde, 2659 m) mit ihren hohen Nordwänden. Zufahrt und Zugangsweg (40 Min.) siehe Wanderung 35.

Rauthhütte, 1605 m. Auf einem mit Matten überzogenen Absatz unter der Hohen Munde steht in freier Lage diese Berghütte. Vom Leutascher Ortsteil Moos aus führt ein Sessellift dort hinauf.

Gschwandkopf, 1495 m. Von dem runden, bei den Skifahrern beliebten Berg unmittelbar über dem Ferienort Seefeld öffnet sich der Blick nach Süden quer über die tiefe Inntalfurche auf die Stubaier Alpen und die Kalkkögel. Auffahrt mit dem Lift.

Ederkanzel, 1184 m. Mehrere schattige Wanderwege führen vom südlichen Ortsrand von Mittenwald hinauf zur Ederkanzel mit ihrem Gasthaus. Von dort überrascht der Blick nach Süden ins Tal von Leutasch. Gehzeit knapp 1 Std.

Hoher Kranzberg, 1391 m. Dies ist zwar nur ein unscheinbarer Wiesen- und Waldkopf, doch genießt man von ihm einen besonders schönen Blick auf das Mittenwalder Becken und seine Felsberge. Zufahrt siehe Wanderung 32.

Tonihof, 990 m. Mitten in der Buckelwiesenlandschaft zwischen Klais, Krün und Mittenwald liegt - an die höchste Erhebung geschmiegt - dieses Gasthaus mit seinem freien Blick in alle Richtungen. Autozufahrt oder Wanderung vom Schmalsee (20 Min.).

Fahrenbergkopf, 1627 m. Die Schau aus der Vogelperspektive auf Deutschlands größten Bergsee, den Walchensee, der zwischen steile Waldberge eingebettet ist, verleiht der Liftfahrt zum Fahrenbergkopf einen besonderen Reiz. In einer Wanderung von wenigen Minuten erreicht man von ihm aus das Herzogstandhaus.

Guglhör, 750 m. Zwischen Murnau und Kleinweil wird das Tal der Loisach im Norden von einer Hügelkette begleitet, auf der in aussichtsreicher Lage der Bauernhof Guglhör liegt. Von Murnau zu Fuß in 1 Std. (oder mit dem Auto dorthin).

Heldenkreuz, 900 m. In den steilen Hängen nordöstlich über Eschenlohe steht ein weithin sichtbares Kreuz, das man in 40 Min. auf einem Bergweg erreichen kann. Der Blick wandert von dort über das gesamte Loisachtal bis hin zur Zugspitze.

Loisachblick, 840 m. Zwischen Eschenlohe und Oberau wird das Tal durch einen Bergrücken fast abgeriegelt. Zu einer freien Aussichtskanzel am Südende des Rückens (Wettersteinblick) führt von Oberau ein Steig empor. Bequeme Wanderung von 40 Min.

Bademöglichkeiten

Was kann es nach einer schweißtreibenden Bergwanderung schöneres geben, als Müdigkeit und Schmutz mit klarem Wasser eines Bergsees oder - im weniger klaren - eines Moorsees abzuwaschen. Wir bringen deshalb hier eine kurze Aufstellung der so zahlreichen Bademöglichkeiten im Bereich dieses Führers. Zusätzlich gibt es natürlich eine ganze Anzahl von Hallenbädern.

Soiener See, 790 m. Das Wasser dieses Moorsees bei Bad Bayersoien steigt rasch auf „Badetemperatur“ an. Es gibt Freibademöglichkeiten am Nord- und am Südufer. Sehr interessante Flora!

Wellenberg. Große Freizeit- und Badeanlage im Osten von Oberammergau mit Freibecken, Liegewiese, Hallenbad usw.

Plansee, 976 m. Der zweitgrößte See Tirols liegt wie ein Fjord zwischen sehr steilen Bergen. Das kalte Wasser eignet sich nur selten zum Baden.

Auf der Loisach.

Die günstigsten Plätze findet man am Nordufer im Bereich der beiden Gasthäuser und am flacheren Ostufer.

Pflegersee, 850 m. Das malerische, waldumsäumte Seelein duckt sich in einer Mulde am Fuß der steilen Seleswände. Badeanstalt und Gasthof. Zufahrt von Garmisch auf steilem Bergsträßchen (15%, 2 km).

Rießersee, 795 m. In einem kleinen, von steilen Waldhängen eingefaßten Tälchen versteckt sich dieser langgestreckte Bergsee. Den Hintergrund bilden die mächtigen Waxensteine. Zufahrt von Garmisch.

Badersee, 770 m. Das Ortsbild des Feriendorfes Grainau wird von einer auffallenden Kuppenlandschaft geprägt, die ein prähistorischer Bergsturz geschaffen hat. So entstand auch der winzige Badersee, der mitten im Ort liegt und wegen seines grünen Wassers auffällt.

Eibsee, 973 m. Auch der 2,4 km lange Eibsee verdankt sein malerisches Aussehen den Inseln und Buchten. Am Südufer gibt es eine Badeanstalt, das Nordufer bietet idyllische Freibadeplätze. Häufig kaltes Wasser. Über dem See ragt gewaltig die Zugspitze auf.

Mittersee, 1082 m. Von den Seen in der Fernpaßlandschaft oberhalb von Biberwier eignet sich der kleine und relativ flache Mittersee am besten für ein - kühles - Bad. Mit besonders schönen Ufern aber wartet der Fernsteinsee südlich der Paßhöhe auf.

Möserer See, 1250 m. Malerischer See oberhalb von Mösern bei Seefeld, in Wärmeperioden zum Baden geeignet. Ähnliches gilt für den nur periodisch wasserführenden Lottensee, 1277 m.

Wildsee, 1160 m. Zwischen Straße und Gschwandkopf breitet sich dieser hochgelegene See aus, der dem Ferienort Seefeld zum Namen verholfen hat. Nur bei recht warmem Wetter erreicht das Wasser eine annehmbare Temperatur.

Lautersee, 1016 m. An diesem schon relativ großen, runden Bergsee liegt die wohl höchste Badeanstalt Deutschlands. Von Mittenwald erreicht man den See in 40 Min. durch das Laintal mit seinem Wasserfall oder durch schönen, lichten Kiefernwald, Malerische Bergkulisse!

Ferchensee, 1063 m. Vom Lautersee noch 1,5 km weiter talein versteckt sich in den Wäldern der etwas herbere Ferchensee, der jedoch an warmen Tagen ebenfalls zum Baden einlädt. 70 Min. von Mittenwald entfernt.

Eibsee-Nordufer.

Grubsee, 905 m. Von den drei Seen zwischen Klais und Krün gehört der Grubsee den Wasserratten (Badeanstalt), der Tennsee den Campinggästen und der viel größere, noch fast unberührte Barmsee mit seinem Schilfgürtel und den Streuwiesen den Naturfreunden, die Blumen und Vögel schätzen.

Geroldsee, 935 m. Bei diesem Wiesensee begeistert die Bergkulisse (wie bei allen Seen der Region), er ist deshalb ein sehr begehrtes Fotomotiv. Minibadeanstalt beim Dörfchen Gerold.

Walchensee, 802 m. Mit einer Fläche von 16 qkm ist der Walchensee nicht nur der größte deutsche See innerhalb der Berge sondern mit 192 Metern auch der tiefste. Rundum von Waldköpfen eingefaßt vermittelt er einen etwas herben Eindruck. Nur in Wärmeperioden erreicht das Wasser Badetemperaturen. Freibademöglichkeiten vor allem beim Ort Walchensee und am Südufer.

Kochelsee, 599 m. Der große, teilweise von steilen Berghängen, teilweise von Schilf umrahmte See bietet bei Kochel eine großflächige Badeanstalt, ja, einen ganzen Freizeitpark mit Hallenbad, Wasserrutsche und vielem anderen – Trimini genannt.

Staffelsee, 649 m. Dieser ideale und sehr beliebte Badesee liegt schon außerhalb der Alpen. Wegen der geringen Tiefe wärmt sich das Wasser rasch an. Badeanstalten in Seehausen, in Murnau und in Uffing. Bootsverleih in Seehausen und Uffing.

Rechts: Hochwald bei der Hemermoosalm. Im Hintergrund die Mieminger Berge.
Unten: Der Geroldsee in der Nähe von Klais.

1 Hörnle, 1548 m

Vorposten der Ammergauer Berge hoch über dem Alpenvorland

Entweder: Überschreitung der drei Hörnle von der Sessellift-Bergstation aus; oder Rundtour von Kappel über Aiblehütte – Hinteres Hörnle – Hörnlealm – Kappel

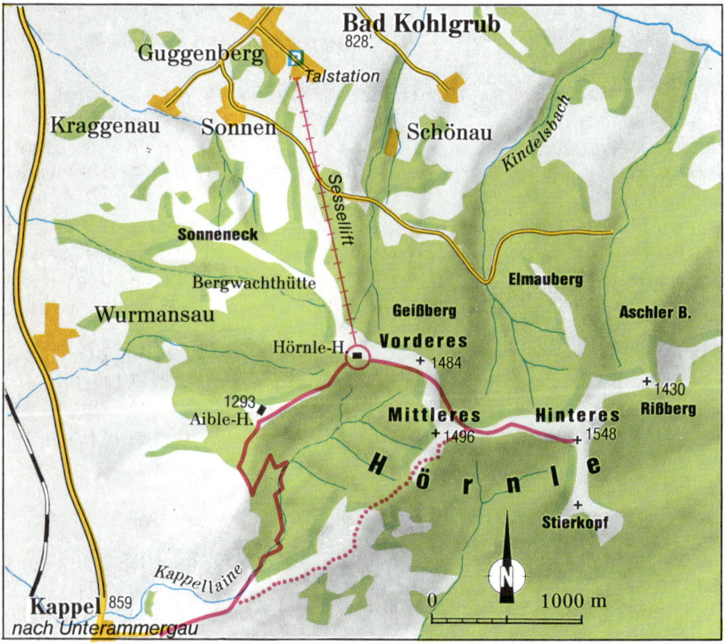

Talort: Bad Kohlgrub, 828 m, Ferien- und Kurort (Moorbäder) am Alpennordrand, inmitten einer malerischen Hügellandschaft.

Ausgangspunkt: Bergstation des Sesselliftes, 1380 m, Talstation in Bad Kohlgrub, Ortsteil Guggenberg.

Parkmöglichkeit: An der Talstation.

Gehzeiten: Bergstation – Hinteres Hörnle 3/4 Std., bei Überschreitung von Vorderem und Mittlerem Hörnle 1/2 Std. mehr; evtl. Aufstieg von Unterammergau-Kappel 2 1/2 Std.

Anforderungen: Bequemes Gehen über Almwiesen.

Höchste Punkte: Hinteres Hörnle, 1548 m, evtl. Vorderes Hörnle, 1484 m, Mittleres Hörnle, 1496 m.

Einkehrmöglichkeit: Hörnlehütte (bei der Bergstation).

Sehenswertes: Tiefblick auf den Staffelsee.

Würde ein Neuling und Alpenfremder nach einem Ziel fragen, wo er das Bergwandern einmal in aller Ruhe „ausprobieren" könnte, dann sollte man ihm das Hörnle mit seinen drei abgerundeten Graskuppen empfehlen. Der Weg von der Bergstation des Liftes hinüber zum Hinteren und höchsten Hörnle ist kurz, ungefährlich, und vermittelt doch jenen besonderen Zauber einer Bergfahrt, das Gehen auf den freien Höhen so hoch über den Tälern, den weiten, hindernislosen Blick, und mit der Gipfelbesteigung auch das Erreichen eines echten Zieles. Wem dieser Bergspaziergang jedoch zu wenig erscheint, der sollte einmal zu Fuß von Unterammergau-Kappel heraufsteigen.

Von der Liftstation zum Hinteren Hörnle: Der Bequeme wird dem Hauptweg treu bleiben, das Vordere Hörnle südlich, das Mittlere östlich queren, um schließlich über die Matten den Hauptgipfel zu erreichen. Man kann aber auch das Vordere und das Mittlere Hörnle längs der Grate überschreiten.

Rundtour von Unterammergau-Kappel: Kappel liegt 1 km nördlich von Unterammergau direkt über der B 23. Auf dem Fahrweg über die Wiesen zum eigentlichen Bergfuß. Links in einen Graben. Nach 20 Min. nach links aus ihm heraus auf den begleitenden Rücken, und über ihn - an der Aiblehütte vorbei - zur Hörnlehütte (Liftstation).
Weiter wie oben zum Hinteren Hörnle. Beim Abstieg zurück in den Sattel zwischen Hinterem und Mittlerem Hörnle. Auf einem Weg flach hinüber zum Südgrat des letzteren. Dem kleinen Pfad folgend stets über den Rücken, dann über hohe Wiesenhänge hinab zum Bergfuß und zurück nach Kappel.

Kappel (bei Unterammergau) und Aufacker.

2 Großer Aufacker, 1542 m

Rundtour über einen stillen, unberührten Waldberg

St. Gregor - Gschwandkopfrücken - Aufacker - Rehbreinsattel - Romanshöhe - St. Gregor

Talort: Oberammergau, 837 m, Zentrum des Ammertales, bekannt als Passionsspiel- und Holzschnitzerort, sehr schöne Barockkirche, Fresken an vielen Häusern (Lüftlmalerei).
Ausgangspunkt: Ortsteil St. Gregor, beim Schwimmbad „Wellenberg".
Parkmöglichkeit: Großer Parkplatz beim Schwimmbad.
Gehzeiten: Aufstieg und Abstieg jeweils etwa 2 Std.
Anforderungen: Kleine, aber ordentliche Bergwege, teilweise feuchtes Gelände.
Höchster Punkt: Großer Aufacker, 1542 m.
Einkehrmöglichkeit: Berggasthaus Romanshöhe.

Wald ist das beherrschende Element am Aufacker. Auch bei unserer Rundtour sind wir lange Zeit auf Waldwegen unterwegs. Und trotzdem wird die Route niemals langweilig. Dafür sorgen die vielen Lichtungen. Manche erlauben einen freien Blick hinab ins Tal bei Oberammergau, andere wieder sind ganz in sich abgeschlossene, verwunschene Plätzchen zum Träumen (auf sie trifft man vor allem beim Abstieg). Auch oben, rund um den Gipfel, stehen mächtige, alte Wetterfichten; sie behindern die Aussicht jedoch kaum. Der Abstieg nach Norden zum Rehbreinsattel führt im unteren Teil durch recht sumpfiges Gelände. Wer nicht aufpaßt, hat schnell nasse Füße - dafür gibt es hier eine besonders reichhaltige Flora zu bewundern.

Oberammergau

Der Aufstieg: Auf dem oberhalb des Parkplatzes vorbeiführenden Altherrenweg nur ganz kurz nach links. Dann zweigt nach oben der Steig zum Aufacker ab (Schild). Auf dem stets gut erkennbaren Weg lange Zeit ziemlich gerade (viele kleine Serpentinen) aufwärts. Dann rechts um den Gschwandkopf und hinauf zum Gipfel.

Der Abstieg über den Rehbreinsattel: Der breite Nordwestrücken des Aufackers führt direkt in den Sattel hinab. Man bleibt immer in der Schneise auf der Mitte des Rückens. Auf dem sumpfigen Boden des Sattels scharf nach links und oberhalb des Rehbreinbaches allmählich nach links zu einem breiten Waldrücken. Nun fast 2 km auf dem Rücken, kurzzeitig auch rechts daneben. Dann führt ein Ziehweg rund um den Rücken und durch seine südseitigen Hänge ziemlich steil abwärts zum Gasthof Romanshöhe. Auf dem bequemen Altherrenweg immer ein Stück über dem Tal (schöne Tiefblicke) quer hinüber zum Parkplatz.

3 Laber, 1686 m

Zwei Wege am Berg der Drachenflieger

Oberammergau - St. Gregor - Laberalm - Laberberg - rund um das Ettaler Manndl - Soilesee - St. Gregor

Talort: Oberammergau, 837 m, Zentrum des Ammertales, bekannt als Passionsspiel- und Holzschnitzerort, sehr schöne Barockkirche, interessante Fresken an vielen Häusern des Ortes (Lüftlmalerei).
Ausgangspunkt: Ortsteil St. Gregor, Talstation der Laberbahn.
Parkmöglichkeit: Bei der Talstation.
Gehzeiten: 2½ Std. Aufstieg zum Laber (evtl. mit der Seilbahn), 1 Std. rund um das Ettaler Manndl zum Soilesee, 1 Std. Abstieg.
Anforderungen: Stets ordentliche, aber teilweise etwas steinige Wege.
Höchster Punkt: Westgipfel des Laber, 1686 m.
Einkehrmöglichkeit im Laber-Gipfelhaus.
Sehenswertes: Blick ins Wetterstein, Start der Drachenflieger, der Felszacken des Ettaler Manndls.

Eine Seilbahn führt von Oberammergau auf dieses breite Bergmassiv, das für seine schönen Ausblicke nach Süden auf das Wettersteingebirge mit der Zugspitze ebenso bekannt ist wie als Startplatz der Drachenflieger, die direkt neben der Bergstation ihre Abflugrampe haben. Wie soll man den Tag gestalten? Es gibt eine Bahn und zwei Wege, zudem lockt eine Rundwanderung um den Nachbarberg, das Ettaler Manndl. Wir stellen Ihnen hier eine Rundtour zusammen, die ein Maximum an Erleben und schönen Ausblicken schenkt, die aber auch relativ weit ist. Wer weniger Zeit und Kraft investieren will, spart sich den Aufstieg und fährt mit der Gondelbahn.

Der Aufstieg: Auf Fahrweg oder Fußweg zum Waldrand. Wenige Minuten später bei der Verzweigung rechts und durch Wald rasch empor zur Laberalm in einem Wiesensattel. Immer schräg rechts an den Hängen empor zum Westgrat und auf einem liebevoll angelegten Weg über die an sich schmale Schneide an besonders malerischen Felszacken vorbei zum höheren Westgipfel und weiter zur Bergstation. Hierher eventuell auch mit der Bahn.

Rund um das Ettaler Manndl: Nach Südosten steil abwärts in einen nahen Sattel, dann in der Südflanke zwischen Wetterfichten fast eben um die Manndlköpfe und auf die Ostseite des Manndls selbst (Gipfelaufstieg siehe Tour 4). Um die Felsen rechts herum, dann über einen freien Hang, schließlich noch kurz durch Wald zum kleinen Soilesee, 1398 m.

Der Abstieg: Auf einem Ziehweg erst nach Norden, dann nach Westen durch das langgestreckte Tal zurück zum Parkplatz.

Laber, von Süden gesehen.

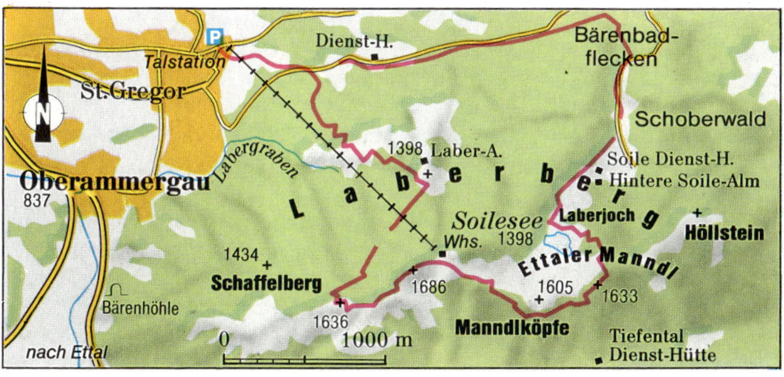

4 Ettaler Manndl, 1633 m

Klettersteig an einem Voralpenberg

Ettal - Tiefentalgraben - Ettaler Manndl

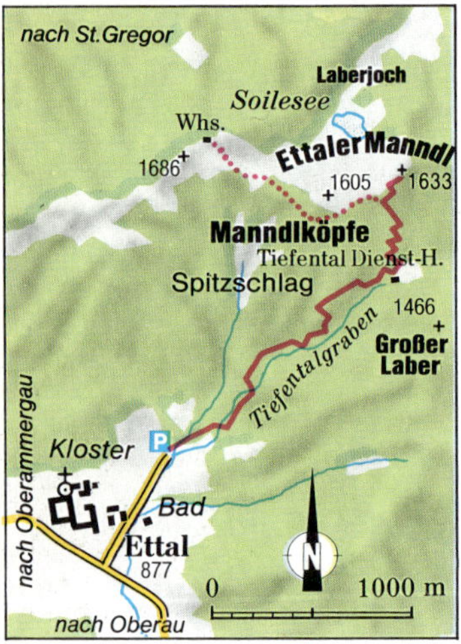

Talort: Ettal, 877 m, beliebtes Ausflugsziel, berühmt durch das Benediktinerkloster mit sehenswerter Klosterkirche, das höchstgelegene Dorf des Ammertales.
Ausgangspunkt: Nordöstlicher Ortsrand an der Ausmündung des Tiefentalgrabens.
Parkmöglichkeit: Parkplatz am Ausgangspunkt.
Gehzeiten: Aufstieg 2 Std., Abstieg etwa 1 1/4 Std.
Anforderungen: Guter Steig bis zu den Felsen, dann gesicherter Klettersteig in steilem Felsgelände, der unbedingt Geschicklichkeit und Schwindelfreiheit erfordert. An Wochenenden lebhafter Andrang mit „Verkehrsstauungen" in den Seilpassagen.
Höchster Punkt: Ettaler Manndl, 1633 m.
Einkehrmöglichkeit: Keine.
Sehenswertes: Blick ins Murnauer Moos und auf das Wettersteingebirge.

Als auffallender, kecker Felsdaumen ragt dieser Gipfel etwa 50 m hoch über den Wald empor. Die erste Hälfte des Namens „Ettaler" Manndl ist ein wenig irreführend. Dieser Felsturm fällt zwar aus dem Loisachtal, etwa aus der Umgebung von Ohlstadt, auf, doch in Ettal ist er gar nicht richtig zu sehen. Dort beginnt lediglich der übliche Aufstieg. Man kann allerdings auch - und zwar schneller und müheloser - vom Laber herüberkommen (siehe Tour 3). Um den kleinen, kreuzgeschmückten Gipfel zu erklettern, muß man absolut schwindelfrei sein. Ein richtiger Klettersteig mit einer durchgehenden Sicherungskette, Stiften und Klammern zieht durch die jähe Wand empor.

Der Aufstieg (und Abstieg): Auf dem Ziehweg durch den waldigen Tiefentalgraben einwärts, dann links empor über die Hänge (Hochwald). Nach rechts in eine Einsattelung mit kleiner Lichtung und der Tiefental-Diensthütte. Gerade durch den Wald in Kehren bis unter die Felsen und nach rechts zum Beginn der Versicherungen. Auf eine kleine Schulter, dann nach links in die steilen Felsen hinaus (unangenehmste Stelle).

Beim Abstieg vom Ettaler Manndl.

Anschließend gerade empor und über eine Minieinschartung zum schmalen Gipfel.

Ein zusätzlicher Gipfel: Man kann auf gutem Weg in 3/4 Std. zum Laber hinüberwandern (schöne Aussicht, Restaurant, siehe Tour 3).

5 Schleierfälle und Scheibum

Sehenswertes in der Ammerschlucht

Kammerl - Ammerleite - Schleierfälle - Kammerl - Scheibum

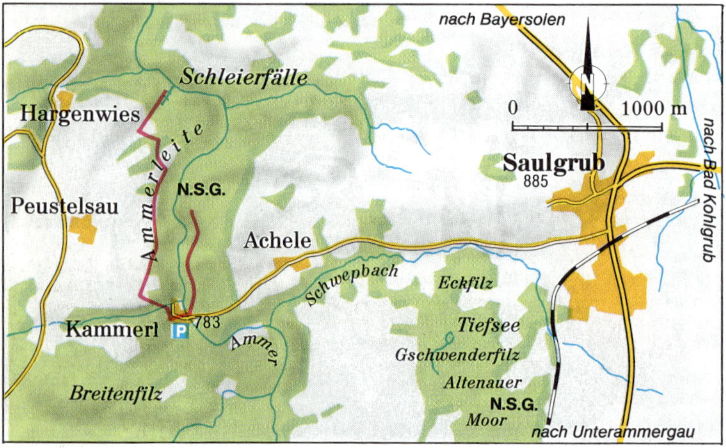

Talort: Saulgrub, 885 m, Ferienort bei Bad Kohlgrub in sehr schöner Lage mit freiem Blick nach Süden.
Ausgangspunkt: Parkplatz beim Kammerl, Zufahrt von Saulgrub auf schmaler, aber guter Straße, 3 km.
Parkmöglichkeit: Parkplatz unmittelbar vor der Ammerbrücke.
Gehzeiten: Kammerl - Schleierfälle 45 Min., Rückweg gleiche Zeit, Abstecher zur Scheibum 15 Min.
Anforderungen: Wanderwege mit Schildern und Markierungen, zur Scheibum ohne Bezeichnung.
Höchster Punkt: Ammerleite, 880 m.
Einkehrmöglichkeit: Keine.
Sehenswertes: Schleierfälle, kleine Wasserfälle an baldachinartigen Sinterablagerungen; Scheibum, Felsdurchbruch der Ammer durch querlaufende Schichten aus Konglomeraten und Sandstein.

Im Bereich von Ober- und Unterammergau wirkt die Ammer wie ein Wiesenflüßchen in einer sanften, weiten Landschaft. Unterhalb von Altenau aber verschwindet sie in einer Schlucht, die weit ins Alpenvorland hinausführt bis kurz vor das Städtchen Peißenberg. In ihrem ersten Abschnitt gibt es zwei echte Attraktionen. Ein Durchbruch durch die Konglomerat- und Sandsteinfelsen trägt die Bezeichnung Scheibum, eine Stelle, die als Prüfstein für alle Kajak-Wildwasserfahrer dient. Ein Stück weiter flußabwärts bauen sich unmittelbar über der Ammer moosbedeckte Felsen auf, über die das Wasser eines Nebenbaches in Kaskaden herabfließt - das sind die Schleierfälle.

Vom Kammerl zu den Schleierfällen: Über die Ammerbrücke und rasch aufwärts zu den freien Wiesen von Peustelsau. Von hier nach Norden auf kleinem Pfad - immer auf die Markierungen achtend - am Waldrand entlang, dann durch Hochwald und über Lichtungen zu einer von links kommenden Forststraße. Jetzt führt der Steig nach rechts durch ein Tälchen hinab und über eine weitere Stufe an das Ufer der Ammer. Nach rechts zu den Fällen.

Abstecher zur Scheibum: Vom Parkplatz am rechten Ufer der Ammer erst auf einem Ziehweg im Wald, dann auf einem Fußweg, der die Felsen rechts oberhalb umgeht, zur Scheibum. Möglichkeit zum Baden.

Die Ammer am Felsdurchbruch „Scheibum".

6 Hohe Bleick, 1638 m

Wächter hoch über der Wieskirche

Unternogg - Saulochhütte - Anwurfhütte - Hohe Bleick - Niederbleick

Talort: Altenau, 838 m, einsam gelegenes Dorf auf einem Wiesenboden des Ammertales in der Nähe von Saulgrub.
Ausgangspunkt: Straßenbrücke, 840 m, über die Halbammer, 500 m westlich von Unternogg, das seinerseits 3 km westlich von Altenau liegt.
Parkmöglichkeiten: Auf der Brücke.
Gehzeiten: Zur Hohen Bleick 2¾ Std., Übergang zur Niederbleick 20 Min.
Anforderungen: Etwa zur Hälfte Forststraße und problemlose Fußwege.
Höchster Punkt: Hohe Bleick, 1638 m, Niederbleick, 1589 m.
Einkehrmöglichkeiten: Keine.
Sehenswertes: Vogelschau-Tiefblick von der Niederbleick auf das Alpenvorland.

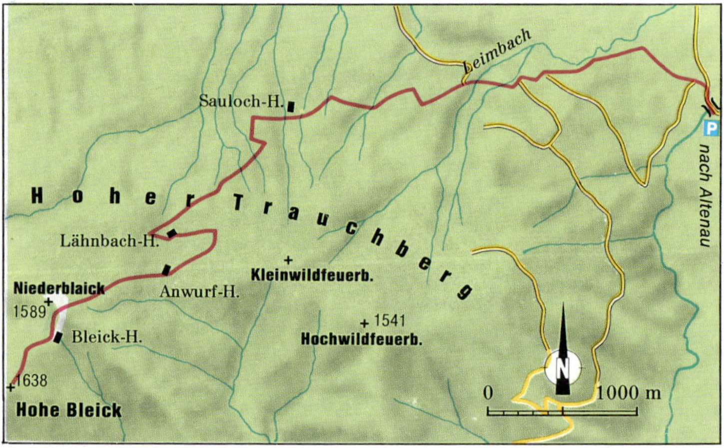

Der Hohe Trauchberg gehört zu den größten zusammenhängenden Waldgebieten der Region. In der Mitte ragt als breites und höchstes Massiv die Bleick auf. Sie hat zwei Gipfel, die zusammen erst einen idealen Aussichtsberg abgeben. Von der Hohen Bleick kann man nach Süden auf die Nachbargipfel der Ammergauer Alpen schauen, auf das Massiv der Klammspitzen, das bereits ein ungleich schrofferes und alpineres Aussehen zeigt. Die Niederbleick hingegen, ein waldfreier Graskopf, springt nach Norden vor, und man genießt von dort einen ungehinderten Blick in das hier besonders abwechslungsreiche Alpenvorland mit seinen Wiesen, Mooren, Wäldern, Tälern und Kuppen.

Der Aufstieg (und Abstieg): Geht man von der Halbammerbrücke nach Norden, so kommt man nach zwei Minuten an ein Straßenkreuz. Hier links ab. Bei einer Gabelung ebenfalls auf der linken Straße 500 m weiter, bei einer dritten Gabelung dann auf der rechten. Nun immer schräg durch den Wald aufwärts zur Saulochhütte, und nach einer langen Schleife zur Lähnbachhütte. Von hier auf dem nun kleineren Weg ein gutes Stück nach links (Osten), kurz durch Jungwald, dann wieder schräg nach rechts durch Hochwald hinauf zum Kamm. Auf der Südseite des Rückens zur Bleickhütte (Alm) und nun nach links über einen leicht bewaldeten Rücken zur Hohen Bleick oder nach rechts über Gras zur nahen Niederbleick.

Auf dem Weg zur Hohen Bleick.

7 Steckenbergkreuz, Steckenberg, 1385 m

Einsame Wanderung durch Wald und über Lichtungen

Unterammergau – Schleifmühlental – Steckenbergkreuz – Steckenberg – Kolbensattel – Schleifmühlental – Unterammergau

Talort: Unterammergau, 836 m, Dorf im Ammertal, 4 km nördlich von Oberammergau gelegen.
Ausgangspunkt: Ausmündung des Schleifmühlentales, 900 m, südwestlich über Unterammergau, von dort 1 km.
Parkmöglichkeiten: Großer Parkplatz am Ausgangspunkt.
Gehzeiten: Ausgangspunkt – Steckenbergkreuz 1 Std., von dort zum Kolbensattel 1 Std.
Anforderungen: Kleiner, aber guter Steig zum Steckenbergkreuz, bei einer möglichen Überschreitung des Steckenberges nur Pfadspuren.
Höchster Punkt: Entweder Steckenbergkreuz, 1220 m, oder Steckenberg, 1385 m (evtl. Pürschlinghäuser, 1550 m).
Einkehrmöglichkeiten: Kolbensattelhütte und Pürschlinghäuser.

Hoch über Unterammergau steht auf dem Nordrücken des Steckenbergs ein Kreuz von mehr als fünf Metern Höhe, das eigenartigerweise aus dem Tal kaum auffällt, obwohl es von unten gut zu erkennen ist. Ein kleiner, etwas verwachsener Fußweg führt zu dieser Aussichtskanzel hinauf. Wer noch mehr unternehmen will, der wandert von dort auf Steigspuren immer über den Kamm – teilweise auf freien Flächen, teilweise zwischen mächtigen Wetterfichten, am Schluß im dichten Jungwald – über den Steckenberg hinüber zum Kolbensattel, eine Route für echte Individualisten und Liebhaber von Ruhe. Denn außer ein paar Kühen trifft man dort niemanden.

Zum Steckenbergkreuz: Vom Parkplatz durch die interessante Schleifmühlenklamm. Dann auf der Forststraße weiter zur Talverzweigung. Man folgt dem alten Ziehweg im linken Einschnitt. Nach 10 Min. führt links ein ebenfalls alter Ziehweg aus dem Graben fast waagrecht hinaus zu einer kleinen Lichtung. Am linken Rand der Lichtung entlang, dann durch Jungwald auf dem verwachsenen Steig ziemlich direkt zum Kreuz empor.

Über den Steckenberg zum Kolbensattel: Hier gibt es keinen richtigen Weg, man kann sich jedoch nicht verlaufen, wenn man stets dem Kamm folgt (ein Zaun ist eine zuverlässige Hilfslinie). Über den anfangs freien Rücken aufwärts, dann im Hochwald zum höchsten Punkt. Drüben im Hochwald wieder abwärts und über einen zweiten Kopf (teilweise etwas sumpfiges Gelände), schließlich in dichtem Jungwald zum Kolbensattel.

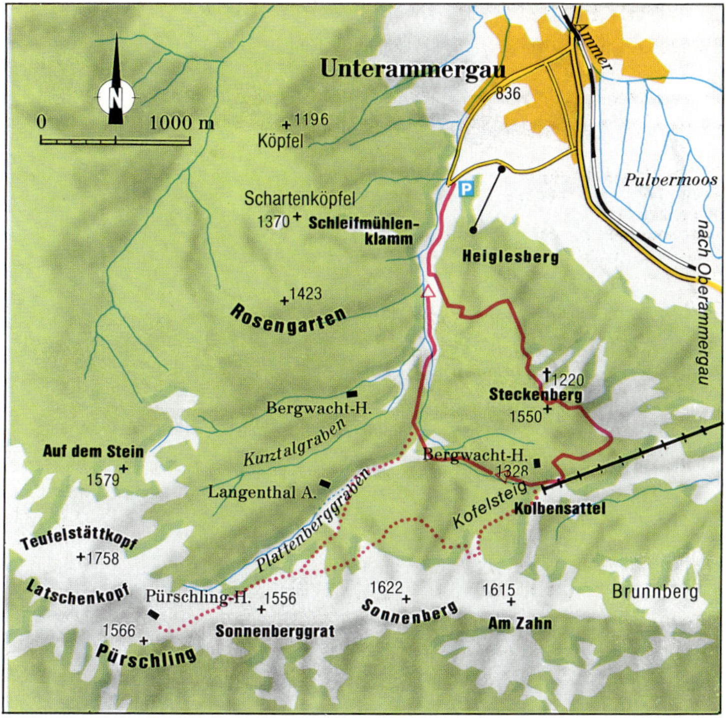

Möglichkeiten für den Rückweg:

a) Da die Überschreitung des Steckenbergs direkt bei der Bergstation des Kolbenliftes endet, lockt natürlich die so bequeme Möglichkeit, mit ihm ins Tal hinunter zu fahren. Doch wie kommt man zurück zu seinem Auto? In einer Stunde könnte man ganz gemütlich - meist auf einem Güterweg - zurückwandern. Der Nachteil: Er bleibt stets in der Nähe der sehr stark befahrenen Bundesstraße.

b) Deshalb lohnt sich der - zeitlich nicht längere - Fußabstieg nach Westen. Der Wegbeginn versteckt sich hinter der Liftstation. Auf dieser wenig begangenen Route hinab zum üblichen Pürschlings-Hüttenweg und durch das Tal hinaus zum Parkplatz.

c) Weiterwanderung zum Pürschling (siehe Tour 9).

8 Kofel, 1341 m

Spritztour auf das Wahrzeichen von Oberammergau

Oberammergau - Ostanstieg zum Kofel - Kofelsattel - Königssteig - Kolbenalm - Oberammergau

Talort: Oberammergau, 837 m, Zentrum des Ammertales, bekannt als Passionsspiel- und Holzschnitzerort, sehr schöne Barockkirche, Fresken an vielen Häusern (Lüftlmalerei).
Ausgangspunkt: Am Nordfluß des Döttenbühls. Dorthin von Oberammergau über die Ammerbrücke und nach Süden auf dem Sträßchen bis zum kleinen Parkplatz.
Parkmöglichkeit: Am Beginn des Aufstiegs.
Gehzeiten: Zum Gipfel 1¼ Std., Abstieg über den Königssteig und Rückkehr zum Parkplatz, etwa 2¼ Std.
Anforderungen: Bis zum Gipfelaufbau sehr guter Steig, dann jedoch einige Felsen mit Drahtseilsicherung, aber ohne größere Schwierigkeiten.
Höchster Punkt: Kofel, 1341 m.
Einkehrmöglichkeit: Gasthaus Kolbenalm, 890 m.
Sehenswertes: Einzigartiger Tiefblick auf Oberammergau.

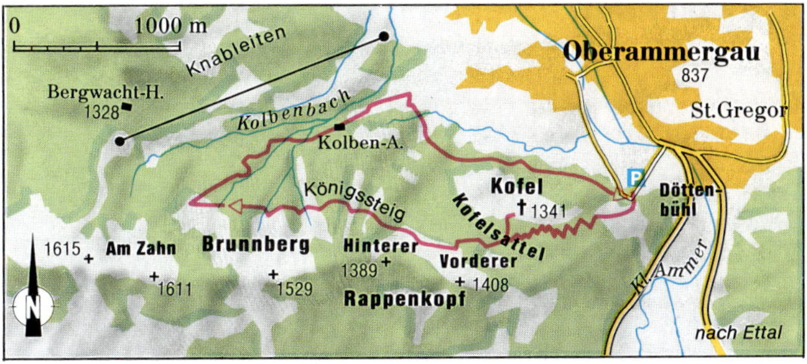

Links: Kofel von Nordosten.

Das Passionsspiel- und Holzschnitzerdorf Oberammergau liegt in einem weiten Wiesenbecken des Ammertales. Nur von Süden schiebt sich ein Gipfel nahe an den Ort heran. Das ist der Kofel, ein auffallender, kecker Felszahn. Dank seiner vorgeschobenen Lage wirkt er viel gewaltiger, als es seiner doch etwas bescheidenen Höhe von 1341 m eigentlich zukommt. Die wirklich lohnende Spritztour auf diesen Zacken sollte sich niemand entgehen lassen, sofern man sich vor ein paar drahtseilgesicherten Felsen nicht fürchtet. Der Blick auf Oberammergau ist wirklich etwas Einmaliges, zumal man wegen der geringen Entfernung jedes Detail genau erkennt – selbst mit bloßem Auge.

Der Aufstieg: Vom Parkplatz durch einen kleinen Einschnitt auf eine Wiese. Über sie gerade empor zum Waldrand, und nun auf gutem Steig in vielen Kehren aufwärts durch Wald und an vielen Felsen vorbei zum Kofelsattel (mit Unterstand). Rechts weiter im felsdurchsetzten Wald in eine Rinne. Nun mit Hilfe eines Drahtseiles über die Schrofen hinauf in einen Sattel, und teilweise etwas links des Grates (nochmals Drahtseile) zum Gipfel mit geschnitztem Kreuz.

Rückkehr über den Königssteig: Zurück zum Kofelsattel. Hier beginnt der Königssteig, der die steilen, von Gräben zerfurchten Nordhänge des Brunnbergs fast eben quert. Bei der folgenden Gabelung scharf nach rechts, und auf diesem holperigen Weg im Wald hinab zum Gasthaus Kolbenalm, das in schöner Lage am Oberende der Wiesen liegt. Nochmals etwa 100 Höhenmeter abwärts. Nun entweder geradeaus in den Ortskern von Oberammergau oder rechts auf dem Grottenweg die Hänge querend zurück zum Parkplatz.

9 Pürschling - Sonnenberg, 1622 m

Gemütlicher Wanderweg und spannende Grattour

Oberammergau - Kolbensattel - Pürschlinghäuser - Sonnenberggrat - Sonnenberg - Gasthaus Kolbenalm - Oberammergau

Talort: Oberammergau, 837 m, Zentrum des Ammertales, bekannt als Passionsspiel- und Holzschnitzerort, sehr schöne Barockkirche, Fresken an vielen Häusern (Lüftlmalerei).
Ausgangspunkt: Nordwestlicher Ortsrand von Oberammergau.
Parkmöglichkeit: Großer Parkplatz (für Kolbenlift) in der Kolbengasse.
Gehzeiten: Kolbensattel - Pürschlinghäuser 1¼ Std., Pürschling — Sonnenberg 1 Std., Abstieg 1¼ Std.
Anforderungen: Vom Kolbensattel zum Pürschling sehr bequemer Bergweg; am Sonnenberggrat kleiner Steig in teilweise sehr steilem Gelände.
Höchste Punkte: Pürschlinghäuser 1550 m, Sonnenberg 1622 m.
Einkehrmöglichkeiten: Kolbensattelhütte, Pürschlinghäuser, Gasthaus Kolbenalm.
Sehenswertes: Tiefblick ins Graswangtal (Linderhof), bizarre Felstürme am Sonnenberggrat.

Links: Am Sonnenberg.

Fährt man – von Norden kommend – bei Saulgrub ins Ammertal hinein, so sieht man genau vor sich einen ganz eigenartigen Bergkamm. Er ist fast eben, jedoch gespickt mit vielen kleinen, grauen Felszacken und Türmen. Das ist der Kamm von Zahn und Sonnberg, das Ziel unserer heutigen, besonders malerischen Bergwanderung. Sie besteht aus zwei fast gegensätzlichen Abschnitten. Der Hinweg bis zum Pürschling gehört in die Kategorie gemütliche Bummeltour, der Rückweg längs des Sonnenberggrates jedoch erfordert einen geschickten Berggänger, denn der kleine Steig schlängelt sich um die anfangs erwähnten Felstürmchen und führt dabei auch in recht steiles Gelände.

Zu den Pürschlinghäusern: Vom Parkplatz auf dem breiten Weg zur Liftstation und mit dem Sessellift in den Kolbensattel, 1276 m. Gegenüber etwa 20 m empor, dann rechts auf gutem, breiten Weg durch Wald und über Lichtungen fast eben nach Westen. Dann steiler empor auf einem Straßerl zu den Pürschlinghäusern (DAV).

Über den Sonnenberggrat zurück nach Oberammergau: Auf dem Ziehweg zurück in den nahen Gratsattel. Hier zweigt ein Fußsteig ab. Er führt nahezu nie über den Grat, sondern schlängelt sich durch die steilen Flanken um die Felsabsätze und Türme herum. Man folgt ihm bis knapp hinter den Gipfel des Sonnenbergs, unter dem er nördlich hindurchquert. Abstecher auf einem Steig durch eine erdige Rinne auf diesen aussichtsreichen Gipfel. Bald danach zieht der Steig tiefer in die Nordhänge hinab. Schließlich durch Hochwald zum Gasthaus Kolbenalm und zurück zum Parkplatz.

10 Teufelstättkopf, 1758 m

Nordanstieg - ein besonderer Weg zu einem bekannten Ziel

Unterammergau - Schleifmühlenklamm - Kühalm - Nordgrat - Teufelstättkopf - Pürschling - Unterammergau

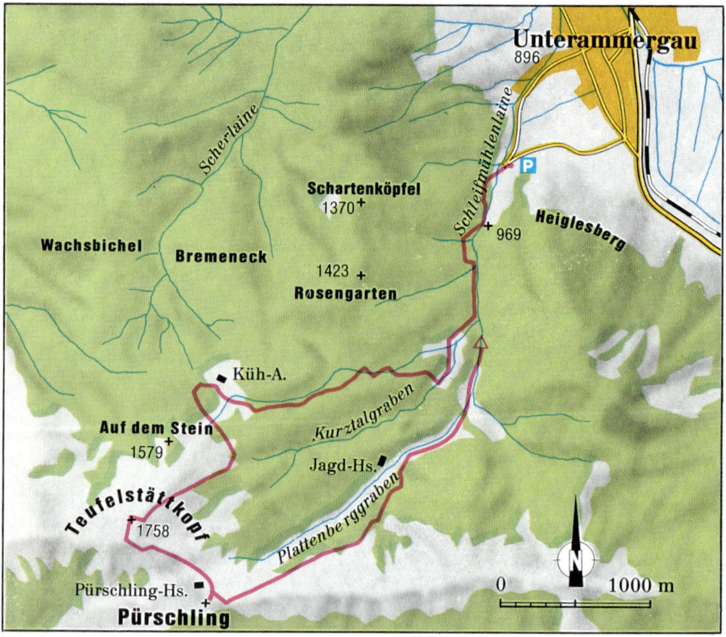

Talort: Unterammergau, 896 m, Dorf im Ammertal, 4 km nördlich von Oberammergau gelegen.
Ausgangspunkt: Ausmündung des Schleifmühlentales, 900 m, südwestlich über Unterammergau, von dort 1 km.
Parkmöglichkeit: Am Ausgangspunkt.
Gehzeiten: Parkplatz - Kühalm 1½ Std., Kühalm - Teufelstättkopf 1¼ Std., Abstieg zum Pürschling ½ Std., Abstieg zum Parkplatz 1¼ Std.
Anforderungen: Am Nordgrat kleiner, teilweise etwas spärlich markierter Steig, keine Gefahrenstellen.
Höchster Punkt: Teufelstättkopf, 1758 m.
Einkehrmöglichkeit: Pürschlinghäuser (DAV).
Sehenswertes: Schleifmühlenklamm, Tiefblick auf den Forggensee.

Der Teufelstättkopf gehört zu den interessanten und zu den markanten Bergen. Mächtig wächst er aus den vorgelagerten Waldkuppen heraus, er ist der erste große Gipfel des Klammspitzkammes. Das breite Massiv wird fast rundum von äußerst steilen Graspleisen verteidigt. Die vielen kleinen Felsrippen, Türme und Wändchen sorgen für ein dekoratives und abwechslungsreiches Aussehen. Der Gipfel selbst wirkt wie ein dem Massiv aufgesetzter Felshut. Sehr viele Menschen kommen über den Grat vom nahen Pürschling herauf, während die Nordroute kaum einer kennt. Sie ist ein richtiger Individualistenweg für all jene, die schon ein wenig Erfahrung im Bergwandern mitbringen.

Der Aufstieg (Nordroute): Vom Parkplatz am schönsten durch die Schleifmühlenklamm, dann auf der staubigen Forststraße zu den Böden in 1200 m Höhe. Bei der Verzweigung auf der rechten, neuen Straße weiter zur Kühalm. Über die Wiesen zum Kamm. Anfangs noch im Wald, dann in freiem, recht abwechslungsreichem Gelände (viele Gemsen) immer in Kammnähe zum Gipfelmassiv, einer zerborstenen Felslandschaft. Schließlich über ein paar harmlose Felsen zum Gipfelkreuz.

Der Abstieg über die Pürschlinghäuser: Auf dem stark ausgetretenen Steig erst zwischen den Felsköpfchen nach Süden, dann links über den Grasgrat (schmale Stelle) zu den Pürschlinghäusern hinab. Auf dem Straßerl hinab ins Langental, und nun auf der Forststraße oder auf dem alten Ziehweg zurück zum Parkplatz.

Teufelstättkopf und Pürschling von Süden gesehen.

11 Gießenbachtal

Einsames, noch ursprüngliches Waldtal

Vom Ettaler Sattel über einen Vorsprung im Ostrücken der Notkarspitze ins Tal, dann im Bachbett aufwärts

Talort: Ettal, 877 m, beliebtes Ausflugsziel, berühmt durch das Benediktinerkloster mit sehenswerter Klosterkirche, das höchstgelegene Dorf des Ammertales.
Ausgangspunkt: Ettaler Sattel, 885 m, an der Straße Richtung Oberau, 1 km von Ettal entfernt.
Parkmöglichkeit: Beschränkte Parkmöglichkeit an der Abzweigung der Forststraße am Ettaler Sattel.
Gehzeiten: Ettaler Sattel – Gießenbachtal 1¼ Std., Rückweg 1 Std.
Anforderungen: Erst bequeme Forststraße, dann Pfadspuren in einem Bachbett, nur wenig Aufstieg.
Höchster Punkt: Mittleres Gießenbachtal, 1030 m.
Einkehrmöglichkeit: Keine.
Sehenswertes: Kloster Ettal.

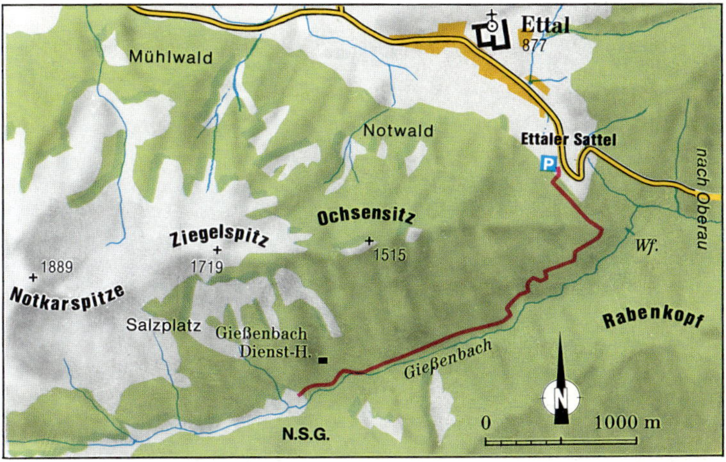

Links: Gießenbachtal bei Ettal.

Das Gießenbachtal führt zwischen der Notkarspitze und dem Schafkopf sechs Kilometer tief in die Ammergauer Alpen hinein. Vom Ettaler Berg aus sieht man von diesem Taleinschnitt nichts anderes als dichte Wälder, und deshalb erwartet hier niemand einen so reizvollen Bergspaziergang. Ihren besonderen Akzent erhält die Wanderung dadurch, daß man immer mehr in ganz ursprüngliches Gelände vordringt. Im ersten Abschnitt ist man auf einer breiten, später dann auf einer schmäleren Forststraße unterwegs, die sich dann immer mehr im Bachtal verliert. Was bleibt, sind undeutliche Steigspuren und ein paar schwache Markierungen. Man folgt jetzt einfach dem Bachbett.

Vom Ettaler Sattel ins mittlere Gießenbachtal: Vom Parkplatz auf der Forststraße zwischen zwei Graskuppen hindurch in ein verstecktes Tälchen. Hier links und in einer längeren Steigung zu einem Vorsprung im Ostrücken der Notkarspitze. Dann etwa eben durch die teilweise sehr steilen Hänge, bis man sich allmählich dem sehr malerischen, hier schluchtartig eingeschnittenen Gießenbachtal nähert. Auf dem kleiner werdenden Weg talein zu seinem Ende. Den Pfadspuren folgend einfach im Bachbett weiter (ein besonders für Kinder reizvolles Wandern), man kommt an ein paar sehr fotogenen Engstellen vorbei. Man folgt dem Tal bis zu jener Stelle, wo der Pfad nach links oben abbiegt. Rückweg auf der gleichen Route.

12 Notkarspitze, 1889 m

Der Berg mit dem bequemen, aussichtsreichen, und dem steilen, spannenden Weg

Ettaler Sattel – Ochsensitz – Ziegelspitz – Notkarspitze – Notkar – Ettaler Mühle

Talort: Ettal, 877 m, kleines Dorf am Südfuß des Laber, berühmt das Benediktinerkloster mit der sehenswerten Klosterkirche.
Ausgangspunkt: Ettaler Sattel, 885 m, an der Straße Richtung Oberau, 1 km von Ettal entfernt.
Parkmöglichkeit: Beschränkte Parkmöglichkeit an der Abzweigung der Forststraße am Ettaler Sattel.
Gehzeiten: Aufstieg 3 Std., Abstieg 1½ Std., evtl. Rückkehr von der Ettaler Mühle zum Ettaler Sattel ½ Std.
Anforderungen: Aufstieg guter Bergweg, Abstieg teilweise sehr steiler Pfad, etwas Trittsicherheit notwendig.
Höchster Punkt: Notkarspitze, 1889 m.
Einkehrmöglichkeit: Keine.
Sehenswert: Tiefblick auf Kloster Ettal.

Die Notkarspitze ist der Prototyp eines Voralpenberges mit steilen, teilweise sogar felsdurchsetzten Waldhängen im unteren Bereich, einer ausgedehnten Latschenregion und freien Matten im oberen Teil. Dazu kommt ein fast ungehinderter Blick in alle Richtungen; natürlich imponiert dabei vor allem das nahe Wettersteingebirge. Recht gemütlich, doch relativ lang ist der Weg über den im oberen Abschnitt sehr aussichtsreichen Ostrücken, während der Steig in der Nordflanke dem Sportlichen vorbehalten ist. Dort muß man teilweise wirklich steil em-

porklimmen auf dem oft von Gestein durchsetzten Weg. Wir wollen hier beide Wege beschreiben, die sich natürlich auch für eine Rundtour eignen.
Aufstieg über den Ostrücken: Vom Sattel auf der Forststraße zum nahen Ostrücken. Abzweigung eines Fußweges. Immer in Gratnähe, anfangs durch dichten Wald, dann in zunehmend freiem Gelände. Man kommt am Ochsensitz vorbei und überschreitet den Ziegelspitz.
Aufstieg von der Ettaler Mühle: Hinauf zum Waldrand und ein paar Meter nach rechts. Hier beginnt der Steig (Schild). Sehr steil durch den Wald empor, dann längere Querung durch die latschenbedeckte Flanke ins Notkar. Ganz nach rechts hinüber zum Nordrücken und über ihn zum Gipfel hinauf.
Von der Ettaler Mühle zum Ettaler Sattel: Ein Wanderweg führt immer ganz knapp oberhalb der Wiesen von der Mühle zum Sattel.

Blick von Oberammergau auf die Notkarspitze.

13 Ettaler Mühle - Linderhof

Talwanderung mit Variationen

Ettaler Mühle - Sonnenweg - Graswang - Linderhof und zurück auf der anderen Talseite; evtl. Erweiterung der Runde bis Oberammergau

Talort: Ettal, 877 m, beliebtes Ausflugsziel, berühmt durch das Benediktinerkloster mit sehenswerter Klosterkirche, das höchstgelegene Dorf des Ammertales.
Ausgangspunkt: Ettaler Mühle, 840 m, Gasthof an der Straße Ettal - Graswang, 1,5 km von Ettal entfernt.
Parkmöglichkeiten: Parkplatz bei der Ettaler Mühle.
Gehzeiten: Ettaler Mühle - Graswang ¾ Std., Weiterweg nach Linderhof 1 Std., Rückweg in etwa gleicher Zeit, Schleife über Oberammergau etwa 1 Std. mehr.
Anforderungen: Forststraßen und ganz bequeme Wanderwege.
Höchster Punkt: Oberrand des Schloßgartens von Linderhof, 1010 m.
Einkehrmöglichkeiten: Gasthäuser in Graswang und in Linderhof.
Sehenswertes: Schloß Linderhof.

Zwischen Oberammergau, Ettal und Linderhof bildet das obere Ammertal einen weiten Boden, der teilweise mit sumpfigen Wiesen bedeckt, teilweise mit Hochwald bestanden ist. Fußwege und Forststraßen an den beiden Rändern des Tales lassen sich dabei zu großzügigen Rundwanderungen zusammenschließen.

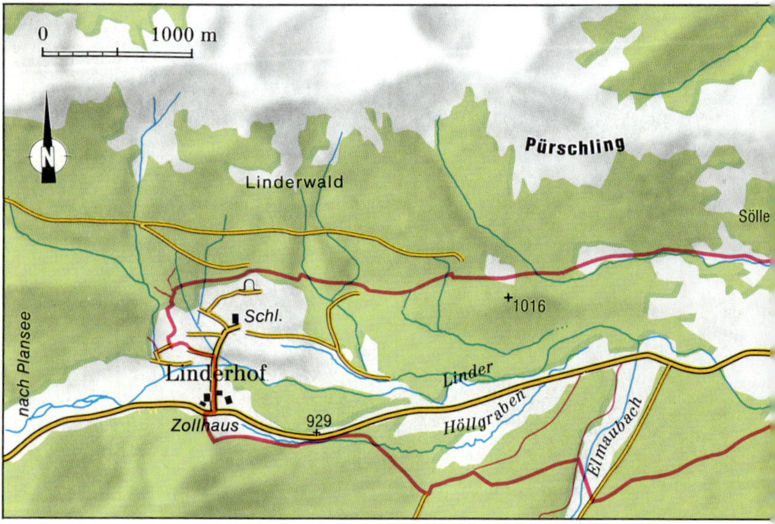

Die Route der nördlichen Talseite: Von der Ettaler Mühle über die Wiesen (herrliche Moorflora) quer über das Tal zum nördlichen Bergfuß, wo man auf den von Oberammergau kommenden Wanderweg trifft. Auf ihm am Rand der Wiesen nach Graswang. Man läßt das Dorf links liegen, erreicht über den letzten Abschnitt des Weges eine Forststraße. Auf ihr über Lichtungen und durch kurze Waldpassagen leicht aufwärts zur Umfriedung der Linderhofer Schloßanlagen. Durch ein Gatter und abwärts nach Linderhof.

Die Route der südlichen Talseite: Von Linderhof nach Süden über die Linder und die Hauptstraße. Nun anfangs auf Fußweg, dann auf Forststraßen durch Hochwald nach Osten, stets den Schildern und den blau-weiß-blauen Markierungen folgend. Über das wasserlose Ellmaugrieß, dann wieder durch Wald und über Wiesen bis vor Graswang. Dort nicht über die Brücke, sondern nach Dickelschwaig und zum Waldrand. Links weiter auf Forststraßen, später auf einem Weg zurück zur Ettaler Mühle.

Oberammergauer Schleife: Stets auf dem Ammerdamm bis zum südlichen Ortsrand von Oberammergau. Links über die Brücke und auf dem Weg parallel zur Straße, bis man auf die anfangs beschriebene Route trifft.

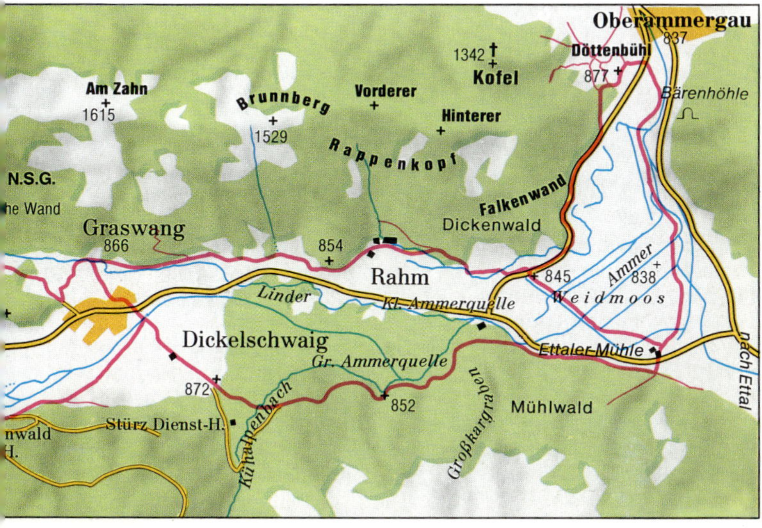

14 Kuhalpenbachtal

Die große, spannende Bachwanderung

Graswang - Dickelschwaig - Kuhalpenbachtal - Kuhalm - Schattenwald - Graswang

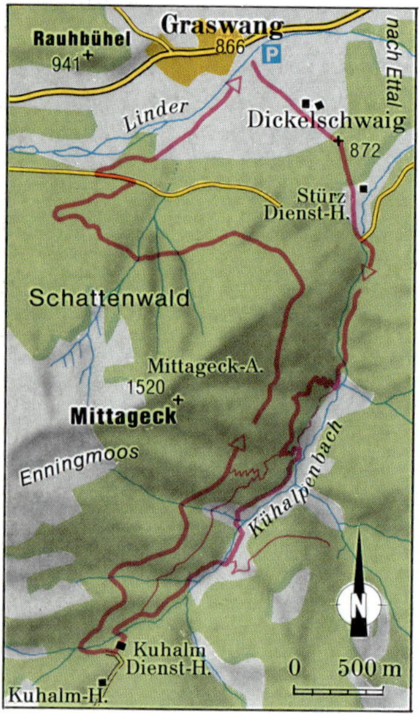

Rechts: Wasserfall im Brünstelsgraben (Kuhalpenbachtal).

Talort: Graswang, 866 m, kleines Dorf im weiten Wiesental der Linder zwischen Oberammergau und Linderhof gelegen.
Ausgangspunkt: Östliches Ortsende von Graswang bei der Abzweigung des Sandsträßchens nach Dickelschwaig.
Parkmöglichkeit: Beschränkter Parkplatz direkt an der Abzweigung.
Gehzeiten: Zur Kuhalm 2 Std., Rückweg auf der Forststraße 1½ Std.
Anforderungen: Der kleine, jedoch gute Steig führt im schluchtartigen Teil des Tales streckenweise durch sehr steiles Gelände.
Höchster Punkt: Kuhalm, 1326 m.
Einkehrmöglichkeit: Keine.
Sehenswertes: Schöne Felsschlucht, mehrere Wasserfälle, kaskadenartige Staustufen.

Sehr viele Bachtäler in den Ammergauer Alpen münden mit felsdurchsetzten Stufen in die Haupttäler; das sind fast durchwegs malerische, interessante Einschnitte mit Felswänden, Klammen, kleinen Stufen, Wasserfällen und Gumpen. Doch zum Leidwesen der Liebhaber urwüchsiger Bäche sind diese Täler fast immer unzugänglich. Eine Ausnahme bildet jedoch das bei Graswang mündende Kuhalpenbachtal. Ein kleines Steiglein durchzieht diesen Bacheinschnitt in seiner ganzen Länge. Im unteren Teil ist es naturbelassen, im oberen hat es die Wildwasserverbauung zu einer Kaskade von Staustüfchen umgewandelt. Von der Kuhalm aus kann man dann entweder auf dem gleichen Weg oder bequem auf der Forststraße nach Graswang zurückkehren.

Durchs Kuhalpenbachtal zur Kuhalm: Von der Straßenkreuzung auf dem Sandsträßchen zum Forsthaus Dickelschwaig und weiter zum Waldrand. Bei der Straßenverzweigung rechts weiter und hinein zum anfangs noch breiten Bachbett. Vor Beginn der Klamm über den Bach und ein Stück in den rechten Hängen empor und oberhalb der Abbrüche talein. Gegenüber die Wasserfälle des Sessel- und des Brünstelsgrabens. Der obere Teil des Bachtales ist sehr stark verbaut (erinnert an künstliche Wasserspiele in einem Schloßgarten). Schließlich über eine letzte Stufe zur Kuhalm.

Rückweg auf der Forststraße: Von der Kuhalm auf der Straße nach Norden, meist durch Hochwald, einige tief eingeschnittene Bachtäler queren. Man bleibt auf der Straße, bis sie das Tal erreicht hat. Bei der Verzweigung rechts und parallel zur Linder zurück nach Graswang, dem Ausgangspunkt der Wanderung.

Möglichkeit für eine Bergtour: Von der Kuhalm nach Osten auf der Straße zu ihrem Ende. Querung der folgenden Hänge auf einem Fußweg in einen weiten Sattel und schließlich über den Südwestgrat auf die aussichtsreiche Notkarspitze (siehe Tour 12, etwa 2¼ Std. von der Kuhalm).

15 Rund um den Brunnenkopf

Aussichtskanzel, Felsgipfel und Panoramaweg

Linderhof - Reitweg - Brunnenkopfhäuser - Klammspitze und zurück, bzw. Höhenweg zum Pürschling, Abstieg nach Linderhof

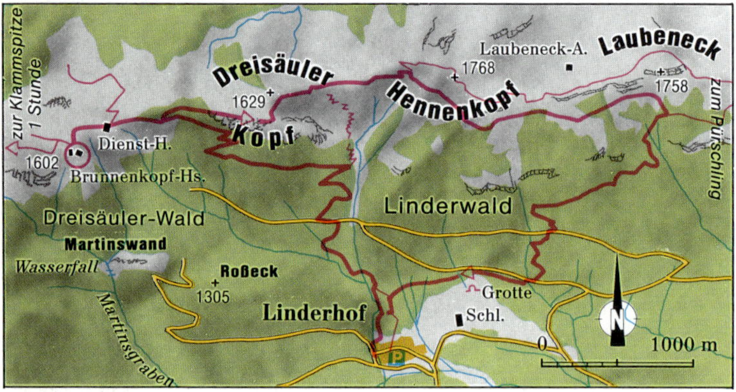

Talort: Linderhof, 942 m, im waldreichen Tal der Linder gelegen, Schloß des Bayernkönigs Ludwig II.
Ausgangspunkt: Direkt in Linderhof.
Parkplatz: Großer, gebührenpflichtiger Parkplatz in Linderhof.
Gehzeiten: Linderhof - Brunnenkopfhäuser 2 Std., von dort zur Klammspitze 1½ Std., Abstecher auf den Brunnenkopf 20 Min., Höhenweg zum Pürschling 2 Std.
Anforderungen: Bis zu den Brunnenkopfhäusern ganz bequemer Weg, zur Klammspitze steil, etwas Trittsicherheit erforderlich; Höhenweg zum Pürschling gut angelegt, doch teilweise durch recht steiles Gelände führend.
Höchste Punkte: Brunnenkopf 1718 m, evtl. Große Klammspitze 1925 m, Pürschlinghäuser 1550 m.
Einkehrmöglichkeiten: Brunnenkopf- und Pürschlinghäuser.
Sehenswertes: Schloß Linderhof, schöne Felslandschaft an der Klammspitze, Panoramaweg zum Pürschling.

Mancher, der von Linderhof aus, dem weltbekannten Schloß des Märchenkönigs Ludwig II., zum Brunnenkopf hinaufgestiegen ist, wird mit seinem Tagwerk noch nicht zufrieden sein. Ihm bieten sich zwei Möglichkeiten, noch etwas wirklich Lohnendes anzupacken. Der bergsteigerisch Erfahrene wird zur Klammspitze hinaufsteigen, auf diesen eleganten, seine Umgebung weit überragenden Felsgipfel. Wer es etwas bescheidener liebt, wandert auf dem gut angelegten Höhenweg hinüber zum Pürschling. Das ist eine einmalige Panoramaroute, die stets in Höhen zwischen 1500 und 1600 m die Südhänge des Klammspitzkammes quert.

Von Linderhof zum Brunnenkopf: Links hinter dem Hotel beginnt der breite Weg zu den Brunnenkopfhäusern, der längere Zeit durch dichten Wald führt. Erst kurz vor dem Kamm werden die Hänge frei. Von der Hütte Abstecher über Gras zum nahen Gipfel des Brunnenkopfes.

Auf die Große Klammspitze: Auf einem Bergpfad quer durch die sehr steilen Grashänge des Brunnenkopfes in ein Kar am Fuß der Klammspitze. Nach links in eine Gratlücke und in dem etwas schrofigen Gelände sehr steil zum Gipfel. Rückweg auf der gleichen Route.

Höhenweg zum Pürschling und Abstieg nach Linderhof:
Von den Brunnenkopfhäusern etwa 10 Min. zurück Richtung Linderhof. Wegverzweigung. Der Weiterweg, der in leichtem Auf und Ab die Hänge quert, ist bis zum Pürschling nicht zu verfehlen. Man braucht nicht ganz bis zu den Pürschlinghäusern zu gehen: Am Fuß des Teufelstättkopfes zweigt im spitzen Winkel nach rechts der steile, aber stark ausgetretene Weg nach Linderhof ab. Auf ihm zurück zum Parkplatz.

Klammspitze bei Abendstimmung.

16 Rund um das Hasental

Stille Wanderung durch ein ungewöhnliches Bergrevier

Lindergrieß - Sägertal - Bäckenalmsattel - Kessel - Hasentalkopf - Lösertaljoch - Sägertal - Lindergrieß

Talort: Linderhof, 942 m, im waldreichen Tal der Linder gelegen, Schloß des Bayernkönigs Ludwig II.
Ausgangspunkt: Brücke über die Linder, 970m, 2 km westlich der Zollstation in Linderhof.
Parkmöglichkeit: Großer Parkplatz neben der Straße.
Gehzeiten: Linderbrücke - Bäckenalmsattel 2¼ Std., Bäckenalmsattel - Kessel - Lösertaljoch 1 Std., Abstecher zum Hasentalkopf 20 Min., Rückweg vom Lösertaljoch 1¾ Std.
Anforderungen: Teilweise nur kleine, aber ordentliche Steige.
Höchste Punkte: Scheinbergjoch, 1764 m, evtl. Hasentalkopf, 1797 m.
Einkehrmöglichkeiten: Keine.
Sehenswertes: Kessel mit Seelein, senkrechte Felsabbrüche am Hasentalkopf, Blick auf das „Ammergauer Matterhorn" (Geiselstein).

Am Bäckenalmsattel, hinten die Hochplatte.

Zwischen dem Klammspitzkamm und der Gruppe der Hochplatte liegt ein kleiner, ganz in sich abgeschlossener Bergstock, an dem die meisten achtlos vorbeilaufen. Das ist das Massiv des Vorderen Scheinbergs, 1822 m – nicht mit der Scheinbergspitze (siehe Tour 17) verwechseln! – und Hasentalkopfs. Das Hasentalmassiv bietet ein besonderes Phänomen: Zwischen die hufeisenförmigen Gipfelgrate ist ein abflußloser Kessel eingelagert, dessen Sohle (mit Seelein) immerhin 60 m tiefer liegt als der Rand an seiner niedrigsten Stelle.

Der Zugang zum Kessel: Beim Parkplatz über die Linderbrücke und durch das waldreiche Sägertal zum Ende des Fahrwegs. Auf Ziehweg, dann auf einem Steig nach Westen in den Bäckenalmsattel. Hier links über den sehr steilen, üppig bewachsenen Hang in langen Kehren auf eine Schulter und etwas abwärts zum Rand des Kessels. Auf der linken Seite um den Trichter herum und schräg empor in das Scheinbergjoch, 1764 m.

Hasentalkopf: Vom Joch meist links etwas unterhalb des felsigen Grates auf ganz kleinem Steig in 15 Min. zu diesem schönen Gipfel.

Abstieg durchs Lösertal: Vom Scheinbergjoch über einen steilen Hang ins nahe Lösertaljoch hinab. Nun nach links abbiegend durch das Lösertal bis zum kleinen Boden des Lösertalmösels. Querung der nun waldigen Hänge nach Norden in den scharf eingeschnittenen Hasentalgraben und weitere Querung bis zum Aufstiegsweg, den man etwas unterhalb der Bäckenalm erreicht.

17 Scheinbergspitze, 1926 m

Beschauliche Tour zu einer schönen, freistehenden Pyramide

Neualmgrieß - Südrücken - Scheinbergspitze

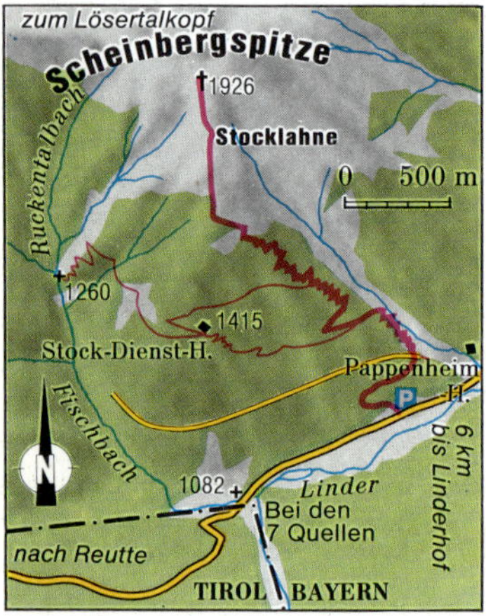

Talort: Linderhof, 942 m, im waldreichen Tal der Linder gelegen, berühmtes Schloß des Bayernkönigs Ludwig II.
Ausgangspunkt: Am Neualmgrieß, 1060 m, bei der Abzweigung einer Forststraße nach rechts, 1 km vor der Grenze (nicht Zollstation!).
Parkmöglichkeit: Parkplatz unmittelbar an der Abzweigung der Forststraße.
Gehzeit: 2¼ Std.
Anforderungen: Kleiner, aber ordentlicher Steig, nur die letzten Meter zum Gipfel sind etwas steinig.
Höchster Punkt: Scheinbergspitze, 1926 m.
Einkehrmöglichkeit: Keine.
Sehenswertes: Freier Blick auf die Nordwände von Kuchelberg, Kreuzspitze und Geierköpfen.

Schon von der Straße zwischen Oberammergau und Ettal fällt - weit im Westen - über dem Graswangtal eine schöne, dunkle, freistehende Pyramide auf. Das ist die Scheinbergspitze, der östliche Vorposten der Hochplattengruppe, ein Wald-, Latschen- und Wiesenberg mit einer kleinen Felswand im Gipfelbereich. Im Verhältnis zu manchem anderen Berg in den Ammergauer Alpen wird sie relativ wenig bestiegen. Dabei ermöglicht der von Süden heraufkommende, gute Pfad einen problemlosen Aufstieg. Der lichte Wald und die vielen Lichtungen erlauben fast ständig einen freien Blick auf die wuchtigen Nordabstürze von Kuchelberg, Kreuzspitze, 2185 m, und Geierköpfen.

Der Aufstieg: Auf der Forststraße bis zur zweiten Kehre. Hier zweigt am Rand des Stockgrabens der Fußweg nach Norden ab (etwa ¼ Std., Hinweisschild). Anfangs parallel zum erwähnten Graben, später links im Hochwald rasch aufwärts. Über Lichtungen und durch Waldstücke zum breiten, latschenüberzogenen Südrücken. Durch Latschen- und Felsgassen immer in Gratnähe weiter zu einem Vorgipfel, wenige Meter abwärts und über die nun steinigen Hänge zum Kreuz.
Achtung! Der verlockend scheinende Übergang zum Lösertalkopf ist

Scheinbergspitze, links der Aufstiegsgrat.

nicht empfehlenswert, da der Verbindungsgrat von einem fast undurchdringlichen Latschendickicht bewachsen ist.

18 Krähe, 2012 m

Große, ungewöhnlich abwechslungsreiche Rundtour

Ammerwald - Roggental - Roggentalgabel - Fensterl - Krähe - Gabelschrofensattel - Straußbergsattel - Schützensteig - Ammerwald

Talort: Hotel Ammerwald, 1080 m, auf einer Lichtung im Ammerwald völlig einsam gelegen. Zufahrt von Linderhof oder von Reutte über den Plansee.
Ausgangspunkt: Hotel Ammerwald.
Parkmöglichkeiten: Beim Hotel Ammerwald.
Gehzeiten: Ammerwald - Roggental - Krähe 3 Std., Abstieg über Straußbergsattel 2½ Std.

Anforderungen: Ohne Schwierigkeiten, jedoch teilweise nur kleine Steige in steilem Gelände.
Höchster Punkt: Krähe, 2012 m, evtl. Hochplatte, 2082 m.
Einkehrmöglichkeit: Nur Hotel Ammerwald im Tal.
Sehenswertes: Bachlandschaft (Roggental), großes Felsenfenster, Krähenhöhle, wilde Felsszenerien.

Am Weg zur Weitalpspitze.

Die Krähe, der westliche Trabant der mächtigen Hochplatte, 2082 m, ist der Berg der vielen Möglichkeiten. Hier kann sich jeder seine Tour nach Können, Ausdauer und Laune selbst zusammenstellen. Wir beschreiben die abwechslungsreichste Rundtour und deuten die weiteren Möglichkeiten kurz an. Die Touren bieten eine Fülle von Eindrücken und warten immer wieder mit besonderen Überraschungen auf. Dazu gehört das Fensterl, ein gewaltiges, quer durch den Grat gebrochenes Felstor, durch das sogar ein Steig führt, oder auch die Krähen-Nordwand, diese fast senkrechte Wandflucht.

Durchs Roggental auf die Krähe: Vom Hotel 400 m auf der Straße nach Norden, dann auf einem Forstweg zur Ausmündung des Roggentales. Im Bachbett zur Talverzweigung. Links weiter durch ein schmales Kar in die Roggentalgabel. Schräg durch die steilen Grashänge zum Fensterl und etwas südlich des Grates im Gras auf die Krähe.

Über den Straußbergsattel zurück in den Ammerwald: Von der Krähe kurz über den Grat nach Westen in eine kleine Scharte, dann durch eine Einbuchtung zwischen den Felswänden nach Norden steil hinab – an der Krähenhöhle vorbei – in den nahen Gabelschrofensattel, ein schmales, eindrucksvolles Felstor. Nach Westen in den Schwangauer Kessel hinab, in halber Höhe dann jedoch nach Süden auf den Begrenzungsrücken und hinter ihm in weiten Kehren (ehemaliger Reitweg) in den Straußbergsattel. Nach Süden und ziemlich flach zum Sattel, 1431 m, und auf dem Schützensteig hinab zum Hotel.

Weitere Möglichkeiten: Vom Fensterl in ½ Std. auf die Hochplatte, teilweise Felsgelände mit Drahtseil, nur für Geübte. – Von der Roggentalgabel Abstieg durchs Köhlebachtal zum Sattel (kürzeste Möglichkeit). – Von der Roggentalgabel über Pfadspuren (Trittsicherheit) in ¼ Std. nach Süden auf den Gipfel der Hochblasse, 1988 m.

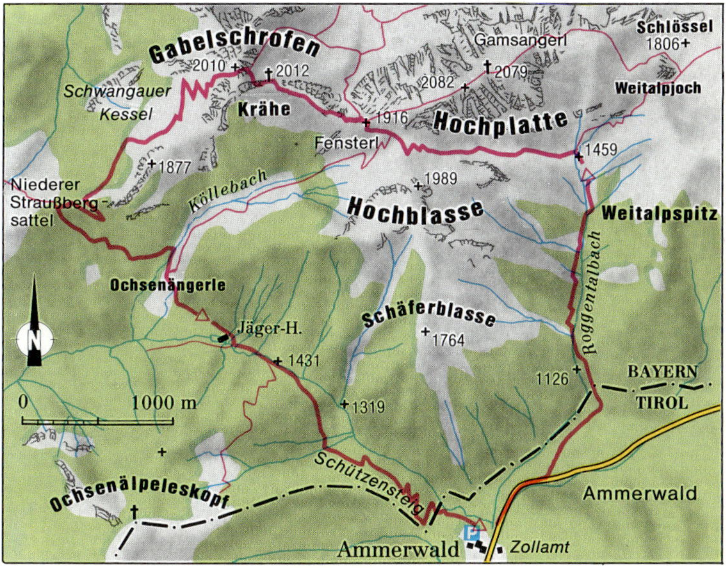

19 Westlicher Geierkopf, 2143 m

Mächtiger Felsberg zwischen Ammerwald und Plansee

Erzbachtal - Teufelstal - Zwergenbergalm - Südrücken - Westlicher Geierkopf

Talort: Hotel Ammerwald, 1080 m, auf einer Lichtung im Ammerwald völlig einsam gelegen. Zufahrt von Linderhof oder von Reutte über den Plansee.
Ausgangspunkt: 2 km südlich vom Hotel Ammerwald an der Straße zum Plansee bei der Brücke über den Teufelstalbach, 1030 m.
Parkmöglichkeiten: Auf der linken Straßenseite vor der Brücke.
Gehzeit: 3½ Std.
Anforderungen: Kleine, aber ordentliche Steige, im Gipfelbereich steil und steinig.
Höchster Punkt: Westgipfel der Geierköpfe, 2143 m.
Einkehrmöglichkeit: Keine.
Sehenswertes: Tiefblick auf Plansee.

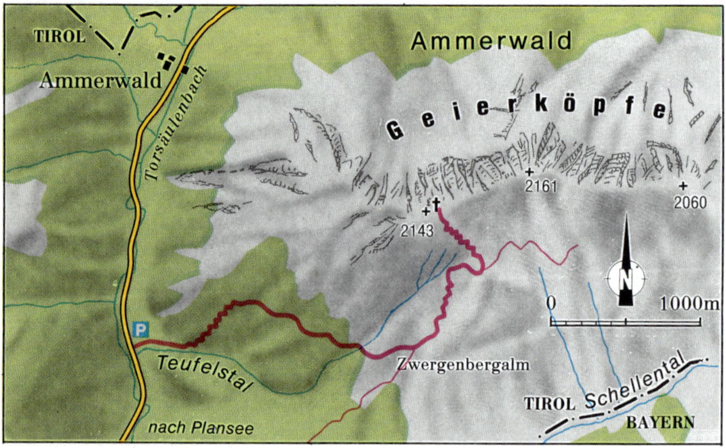

Wer auf der Ammerwaldstraße von Linderhof Richtung Plansee fährt, bewundert die drei Kilometer breite Nordwandflucht der Geierköpfe. Das ist der gewaltigste Anblick in den gesamten Ammergauer Alpen! Der langgestreckte Grat kulminiert in drei Gipfeln. Der mittlere ist der höchste und zugleich der schwierigste (Kletterei im Schwierigkeitsgrad I), also kein Ziel für den reinen Bergwanderer. Dieser gibt sich mit dem - fast gleichhohen - Westgipfel zufrieden, der von einem Weg erschlossen wird. Zwar ist auch hier der Gipfelaufbau etwas steil und mühsam, doch bietet er keine echten Schwierigkeiten. Die Geierkopftour vermittelt besonders stark das Erlebnis einer urwüchsigen, noch völlig unveränderten Landschaft.

Der Aufstieg: Wegbeginn nördlich des Teufelstalbaches bei einem Hinweisschild. Gut 400 Höhenmeter an den Steilhängen über dem Haupttal empor, erst dann biegt der Steig nach Osten ein. Er quert in der Folge eine Reihe scharf eingeschnittener Nebenbäche. Bei der Zwergenbergalm trifft man auf einen Steig. Zwischen Bäumen und Latschen nach Norden zum Südostsporn unseres Gipfels. Teilweise auf dem Rücken, teilweise links daneben steil zum Kreuz empor.

Blick von den Geierköpfen auf den Plansee.

20 Neuweidtal

Einsame Wanderung in einen urtümlichen Bergkessel

Plansee - Neuweidtal - Hebertal und zurück

Talort: Linderhof, 942 m, im waldreichen Tal der Linder gelegen, Schloß des Bayernkönigs Ludwig II.
Ausgangspunkt: Nordostufer des Plansees, 976 m, dorthin von Linderhof auf der Ammerwaldstraße (Grenze) bis zum Nordufer des Sees (Hotel Forelle), hier Abzweigung nach Osten.
Parkmöglichkeiten: Großer Parkplatz unmittelbar am See.
Gehzeiten: Hinweg 1 Std., Rückweg nur wenig kürzer.
Anforderungen: Forststraßen.
Höchster Punkt: Ausmündung des Hebertales, 1050 m.
Einkehrmöglichkeit: Unterwegs keine; sonst Hotel Forelle.
Sehenswertes: Plansee, zweitgrößter See Tirols, fjordartig zwischen steile Berge gelagert, fast unverbaut.

Diese gemütliche Wanderung führt in einen Talgrund, über dem die Berge noch in Ursprünglichkeit und Unberührtheit aufragen. Nach dem Ende der Straße deutet nichts mehr auf die Menschen hin, hier bestimmt ausschließlich die Natur die Landschaft - und das in einer ganz eigenen Weise. Die bis 1000 m hohe Nordostflanke des Plattbergs, 2247 m, ist keine kompakte Wand, wie man sie etwa drüben im

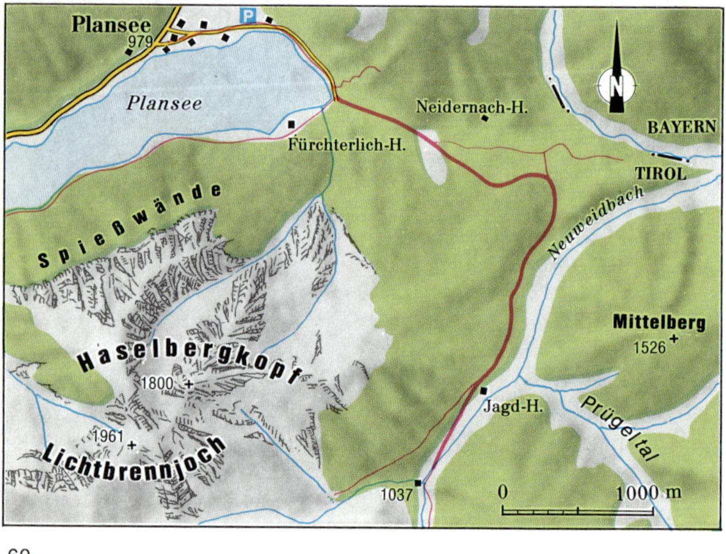

Blick auf den Plattberg.

Wetterstein findet. Das bröselige und morsche Gestein unterliegt besonders stark der Verwitterung. Das ergibt recht bizarre Formen, von Schluchten zerfurchte Wände und mit Geröll gefüllte Bachbetten.

Vom Plansee ins Neuweidtal: Vom Parkplatz zum Ostzipfel des Sees und auf der breiten Sandstraße nach Osten, bis hinter einer Wiese nach rechts eine etwas schmälere Straße abzweigt. Nun auf dieser weiter. Bei der nächsten Gabelung nach links in den Wald. An einer Hütte vorbei in einem langen Bogen bis zum Rand des Neuweidbaches, der hier durch eine Schlucht fließt. Kurz aufwärts, bei der nächsten Verzweigung wieder links und an den sehr steilen Hängen entlang talein. Man kommt in einen Boden, wo die Straße das schotterreiche Bachbett überquert. Wenige Minuten noch weiter einwärts zur Talgabelung (links Heber-, rechts Pitzental). Der Rückweg erfolgt auf der gleichen Route.

21 Stepbergalm oder Kramer

Vis-a-vis der Zugspitze

Garmisch - Tal der Kammerleine - Stepbergalm, evtl. Kramersteig - Kramerspitz - Fürstenbrunnen - St. Martin - Garmisch

Talort: Garmisch-Partenkirchen, 708 m, bekannter Ferien- und Wintersportort im weiten Talkessel der Loisach mit sehr schöner Hochgebirgskulisse.
Ausgangspunkt: Maximilianshöhe, 850 m, Abzweigung beim Hundeasyl. Dorthin am besten auf der Hauptstraße Richtung Griesen zur Ampel im Kasernengelände. Hier rechts über die Loisach, weiter auf der ersten Straße nach rechts bis hinter die Kasernen, dann links in den Wald hinauf.
Parkmöglichkeiten: Am Straßenrand.
Gehzeiten: Garmisch - Stepbergalm 2¼ Std., Stepbergalm - Kramerspitze 1½ Std.
Anforderungen: Gute, aber steinige Bergwege zur Stepbergalm; im Gipfelbereich steilere Passagen, etwas ausgesetzt, doch ohne Schwierigkeiten.
Höchste Punkte: Stepbergalm, 1583 m, Kramerspitz, 1985 m.
Einkehrmöglichkeit: Stepbergalm, evtl. Gasthaus St. Martin.
Sehenswertes: Völlig freier Blick in das Wettersteingebirge.

Ein Viertel der Gipfelumrahmung von Garmisch-Partenkirchen wird von einem einzigen Berg gefüllt, dem Kramer, 1985 m. Die Bezeichnung Berg weckt allerdings leicht einen falschen Eindruck. Das ist ein ganzes Massiv, steilansteigend, mächtig, breitgelagert und von auffallend dunkler Farbe. Für letzteres sorgen die Nadelbäume - Fichten im unteren Teil, Latschen in der oberen Hälfte -, die den Bergstock vollständig überziehen. Nur ein paar hellgraue Felspartien sorgen für Abwechslung. Die Gipfeltour zum Kramer ist relativ weit. So wandert mancher nur bis in den Wiesenkessel der Stepbergalmen empor. Auch so läßt sich das Wetterstein mit seinen Riesenfelswänden bewundern - das stets gegenwärtige Schaustück bei allen Kramerwegen.

Zur Stepbergalm: Vom Hundeasyl auf der Straße nach links etwa 1 km durch den Militärbereich, dann rechts hinauf in den Wald. Auf anfangs sehr breiten, bald jedoch kleineren Wegen (gut beschildert) weit nach Westen bis in den Taleinschnitt der Kammerleine. Immer hoch über dem Bach - zwei scharf eingeschnittene Seitengräben ausgehend - hinauf zu den Wiesen der Stepbergalm.

Von der Alm auf den Kramerspitz: Nach Osten über die Wiesen zum Kamm, dann in Latschengassen auf und südlich unter dem Grat bis in Gipfelnähe. Ein Felskopf wird noch ziemlich tief im Süden umgangen, dann führt eine Rampe zum Kreuz.

Direkter Abstieg: Nach Norden zu einem nahen Grassattel, dann auf dem Steig in teilweise recht steinigem Gelände tief nördlich um einen großen Gratkopf. Weiter über den Kamm (mehrere Köpfe) in den tiefsten Sattel. Vom Ostende des Sattels nach Süden hinab zu einem breiten Weg. Auf ihm - an einer in die Felswand gebauten Aussichtskanzel vorbei - zum Gasthaus St. Martin (schöne Aussicht) und weiter zum Kramerplateauweg. Auf diesem nach rechts zurück zum Auto.

Links: Auf dem Weg zur Stepbergalm.

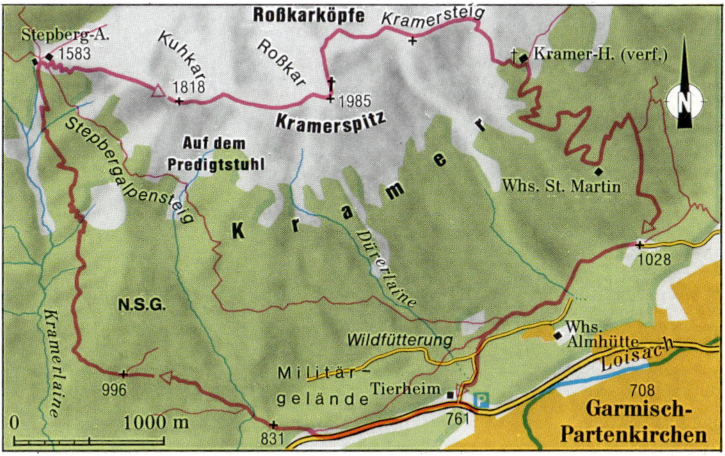

22 Bichlbacher und Tuftlalm

Aussichtsweg unter dem Daniel

Lermoos – Lähn – Bichlbacher Alm – Grüner Ups – Tuftlalm, evtl. Daniel

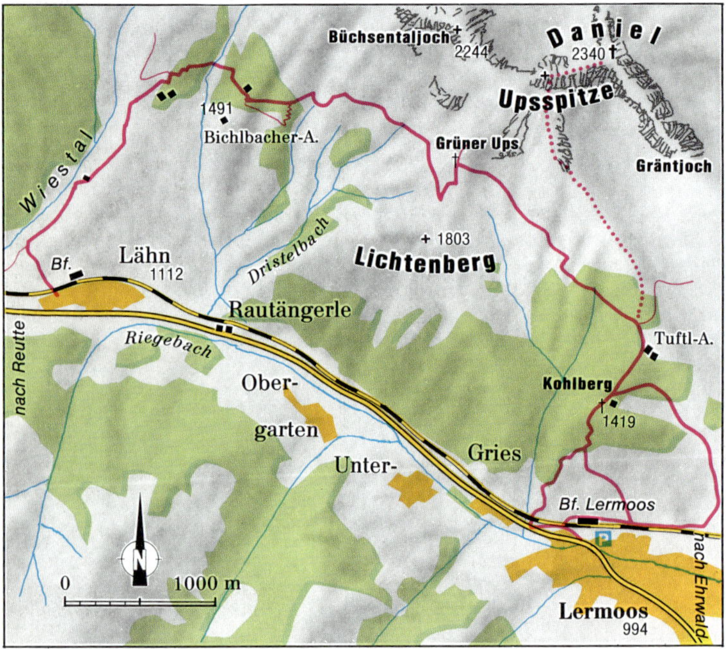

Talort: Lermoos, 994 m, Ferienort im Ehrwalder Becken am Fuß des Grubigsteins mit sehr schönem Blick auf Wetterstein und Mieminger Berge.
Ausgangspunkt: Lähn, 1112 m, Dorf an der Strecke von Lermoos nach Reutte, 5 km. Dorthin entweder mit der Bahn oder zu Fuß auf dem Zugspitz-Aussichtsweg knapp nördlich über dem Tal, etwa 1¼ Std.
Parkmöglichkeit: Parkplatz in der Danielstraße (Bahnhofsnähe).
Gehzeiten: Lähn – Bichlbacher Alm 1½ Std., Bichlbacher Alm – Ups – Tuftlalm 1½ Std., Abstieg ¾ Std.; Lermoos – Tuftlalm 1½ Std., Tuftlalm – Daniel 2 Std.
Anforderungen: „Aussichtsweg" teilweise kleine Bergwege ohne besondere Anforderungen; Daniel Bergtour, die etwas Trittsicherheit erfordert.
Höchste Punkte: Bichlbacher Alm 1491 m, Grüner Ups 1852 m; evtl. Daniel 2340 m.
Sehenswertes: Blick ins Ehrwalder Becken und auf die Zugspitze.

Daniel aus dem Gebiet von Garmisch gesehen.

Steil steigen die Hänge von Lermoos zum Daniel empor, das ist eine Riesenflanke von vollen 1300 m Höhe. Doch selbst in diese Hänge sind einige Absätze und kleine Böden eingelagert, die Platz für Almen bieten; es gibt auch zwei Köpfe, die wie Kanzeln gegen das Tal vorspringen. Dieses Gelände bietet sich geradezu an für einen Aussichtsweg. Man wird ihn von Westen nach Osten begehen – nur so hat man das Wetterstein mit der Zugspitze und die Mieminger Berge stets vor sich. Den Bergsteiger jedoch lockt dann noch der Daniel.

Der Rundweg über den Grünen Ups: Gleich westlich des Bahnhofs Lähn über die Gleise und auf einem Fahrweg schräg nach links. Dann rechts abbiegen und über die Wiesen eine knappe Stunde aufwärts. Nach der Wegverzweigung quer über die Hänge nach rechts (knapp unter der Bichlbacher Alm hindurch) ein paar Gräben überschreitend auf die freie Schulter des Lichtenbergs, 1803 m. Nach links kurz aufwärts zum Grünen Ups. Schräg an den Hängen abwärts zur Tuftlalm und zurück nach Lermoos.

Zum Daniel: Vom Schwimmbad in Lermoos auf Fahr- und Fußwegen zur bewirtschafteten Tuftlalm. Durch Wald, später zwischen Latschen und im steinigen Gelände an einem Rücken entlang steil aufwärts gegen die Upsspitze. Etwa 100 m unter deren Gipfel nach rechts auf den Verbindungsgrat und über ihn auf den Daniel (Trittsicherheit).

23 Pleisspitze, 2225 m

Stille Bergtour auf einen völlig von Gras überzogenen Gipfel

Bergstation der Grubigbahn – Wolfratshauser Hütte – Gartnertal – Sommerbergjöchle – Pleisspitze – Gartnertal – Untergarten – Lermoos

Schusternagerl.

Talort: Lermoos, 994 m, Ferienort im Ehrwalder Becken am Fuß des Grubigsteins mit sehr schönem Blick auf Wetterstein und Mieminger Berge.
Ausgangspunkt: Bergstation der Grubigstein-Gondelbahn, 2020 m.
Parkmöglichkeit: An den Talstationen.
Gehzeiten: Abstieg vom Lift ins Gartnertal 3/4 Std., Aufstieg von dort auf die Pleisspitze 2 1/2 Std., Gesamtabstieg nach Lermoos etwa 2 Std.
Anforderungen: Kleine Steige in teilweise etwas steilerem Gelände.
Höchste Punkte: Bergstation der Gondelbahn, 2020 m, Pleisspitze, 2225 m.
Einkehrmöglichkeiten: Grubigsteinhaus, Wolfratshauser Hütte (beide ganz am Beginn der Wanderung).
Sehenswertes: Nordabstürze der Gartnerwand, sehr reichhaltige Flora.

Die Pleisspitze ist geradezu ein „Lehrpfad“ für geologische Studien. Über sich hat man die steilen, auffallend gebänderten und bis zu 500 m hohen Nordabstürze der Gartnerwand, 2377 m. Sie bestehen aus dem oft sehr brüchigen Gestein Hauptdolomit. Einen ungewöhnlichen Kontrast dazu bilden die Hänge der Pleisspitze. Sie sind abgerundet und über und über mit Gras bewachsen - selbst in den steilsten Flanken. Auch das ist eine Auswirkung des Gesteins. Hier handelt es sich um Kössener Schichten, die stark verwittern und dabei einen besonders günstigen Boden liefern für eine ungewöhnliche Blütenpracht.

Vom Grubigsteinhaus zur Pleisspitze: Auf dem guten Weg nach Norden hinab zur nahen Wolfratshauser Hütte und auf einem kleineren Steig nach Westen über die Steilhänge abwärts ins Gartnertal, 1500 m. Hinter dem Bach Wegverzweigung. Immer rechts oberhalb des tiefsten Einschnittes auf einer Art Rampe talein. Dann in der scharf eingeschnittenen Kehle ins Sommerbergjöchle, 2001 m. Auf dem Grasrücken über einen Zwischenkopf auf den Gipfel.

Direkter Abstieg nach Lermoos: Zurück zur Wegverzweigung im Gartnertal. In dem scharf eingeschnittenen Bachbett rasch weiter abwärts bis etwa 100 m über das Haupttal. Nun rechts auf einem Fahrweg aus dem Tal zu den freien Wiesen von Untergarten. Über Gries zurück nach Lermoos.

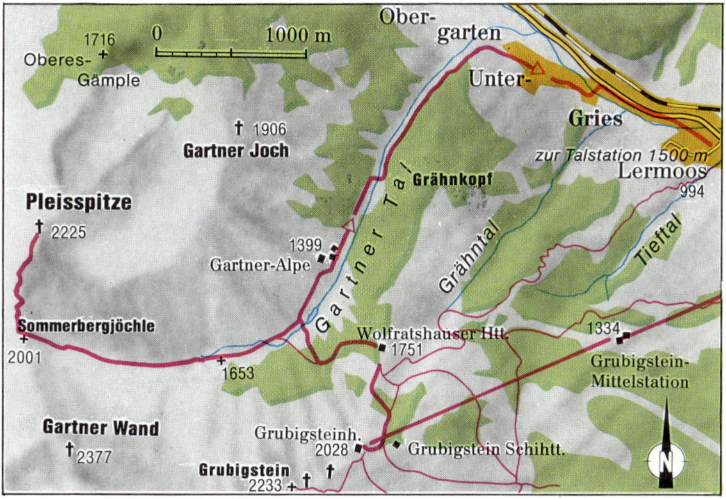

24 Grubig-Fernpaß-Runde

Abstieg vom Grubigstein zur Seenlandschaft des Fernpasses

Bergstation der Grubigbahn – (Grubigstein) – Grubig – Fernpaß – Blindsee – Loisachquellen – Biberwier – Wachtersteig – Lermoos

Talort: Lermoos, 994 m, Ferienort im Ehrwalder Becken am Fuß des Grubigsteins mit einem sehr schönen Blick auf Wetterstein und Mieminger Berge.
Ausgangspunkt: Bergstation der Grubigstein-Gondelbahn, 2020 m.
Parkmöglichkeit: An den Talstationen.
Gehzeiten: Bergstation – Fernpaß 2 Std., Fernpaß – Biberwier 1 1/2 Std., Biberwier – Lermoos 3/4 Std., evtl. Abstecher Grubigstein 3/4 Std.
Anforderungen: Kleine, aber ordentliche Bergwege. Eine Besteigung des Grubigsteins erfordert Trittsicherheit in dem sehr steilen Gelände.
Höchster Punkt: Bergstation der Grubigstein-Gondelbahn, 2020 m; evtl. Grubigstein, 2233 m.
Einkehrmöglichkeiten: Grubigsteinhaus, Gasthaus Zugspitzblick, Gasthäuser in Biberwier.
Sehenswertes: Seengeschmückte Felssturzlandschaft nördlich des Fernpasses.

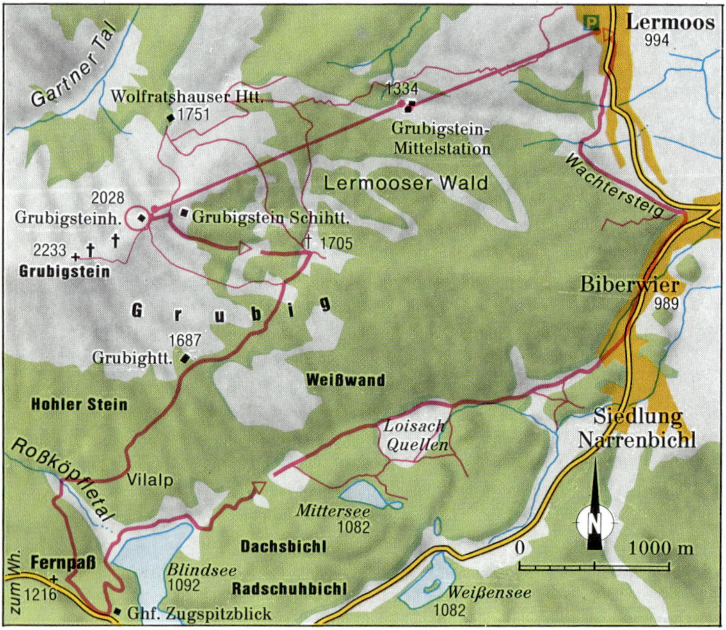

Fernsteinsee südlich des Fernpasses.

Zur Abwechslung servieren wir heute eine Bergtour verkehrt - und zwar eine Bergtour von oben nach unten. Wozu gibt es schließlich eine Bergbahn. Wir fangen also heute mit der Höhe und der Aussicht an. Dabei begeistert vor allem der Blick ins Ehrwalder Becken. Das Reizvolle bei der späteren Wanderung ist die Fernpaß-Landschaft. Hier sind in der Nacheiszeit riesige Felsmassen in die Tiefe gestürzt und haben diese so auffallend stark gegliederte Landschaft mit ihren zahllosen Kuppen, Tälchen und den Seen geschaffen.

Vom Grubigsteinhaus zum Fernpaß: Von der Bergstation über die welligen Böden nach Osten gut 1/4 Std. abwärts. Dann führt der Weg im spitzen Winkel nach rechts und zieht schräg abwärts durch die meist steilen Hänge in das scharf eingefressene Roßköpfltal. Man quert den Einschnitt und erreicht durch Wald das Nordende des Fernpasses. Nach rechts in wenigen Minuten zum Hotel Fernpaß, nach links zum Gasthaus Zugspitzblick.

Vom Fernpaß nach Lermoos: Beim Ghs. Zugspitzblick zweigt der Fußweg ab, der, vorbei am sehr steilen, felsigen Nordufer des Blindsees, zu den Wiesen mit den Loisachquellen führt. An der Siedlung Narrenbichl vorbei nach Biberwier. Durch den Ort bis unterhalb der Kirche. Nun links kurz aufwärts auf einen Rücken und auf dem Wachtersteig zurück nach Lermoos.

Mögliche Gipfeltour: Von der Bergstation der Gondelbahn auf Steig durch die teilweise felsdurchsetzte Ostflanke, schließlich neben dem Ostgrat zum Gipfel des Grubigsteins, 2233 m (nur für Trittsichere).

25 Höllkopf, 2194 m

Aussichtskanzel „hinter“ dem Marienbergjoch

Biberwier - Marienbergjoch - Arzbödele - Höllkopf

Der Wamperte Schrofen in den Mieminger Bergen.

Talort: Biberwier, 989 m, Ferienort in malerischer Lage zwischen den Kuppen des Fernpaß-Bergsturzes.
Ausgangspunkt: Kurz vor dem südlichen Ortsende in Biberwier nach Osten zur nahen Talstation der Lifte.
Parkmöglichkeit: An der Talstation der Lifte oder auch direkt an der Fernpaßstraße.
Gehzeiten: Bergstation - Höllkopf gut 2 Std., zur Handschuhspitze etwas länger.
Höchste Punkte: Höllkopf, 2194 m; evtl. Handschuhspitze, 2319 m.
Einkehrmöglichkeit: Berggasthaus Marienbergjoch.
Sehenswertes: Gewaltige, gebauchte Wände des Wamperten Schrofens.

Biberwier hat durch seine Hügel mitten im Ort – eine Folge des Fernpaß-Bergsturzes – einen eigenen und sehr reizvollen Charakter erhalten. Vom Südende des Dorfes führen Lifte zum Marienbergjoch empor. Mit ihrer Hilfe erreicht man mühelos die weite Einsattelung mit ihrem freien Blick nach Süden. Beim Weiterweg zum Höllkopf kommt man bald in unberührtes, recht ursprüngliches Gelände. Dieser Gipfel ist den großen Mieminger Felsbergen wie eine Aussichtskanzel im Süden vorgebaut. – Über dem Joch gibt es noch einen zweiten, weitgehend unbekannten Berg, der mit einem kleinen Steig erschlossen ist: die Östliche Handschuhspitze, 2319 m. Ihre Besteigung erfordert jedoch Trittsicherheit.

Zum Höllkopf: Mit den beiden Liften zur Bergstation, 1650 m, auf dem freien Rücken am Bremstattkopf. Ins nahe Marienbergjoch, 1789 m. Drüben nur ganz kurz hinab, dann links durch die Hänge mit Gras und Latschen und an ein paar malerischen Felsen und Blöcken vorbei ins Hölltörl, 2126 m. Nach rechts ausholend auf Schieferschutt über eine Steilstufe und nach links auf den weiträumigen Gipfel.

Handschuhspitze: Vom Lift in den westlichen Teil des Marienbergjochs und dann südlich tief unter dem Grat über teilweise steile Graspleisen zum Gipfel (nur ganz kleiner Steig).

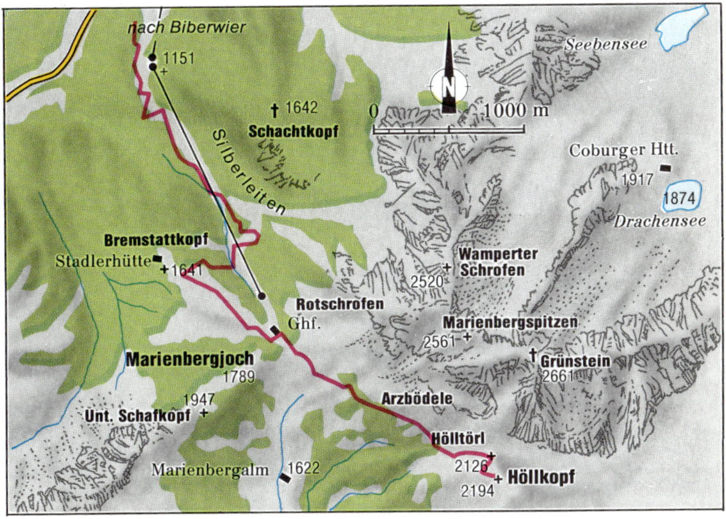

26 Coburger Hütte und Drachensee

Zwei ungleiche Möglichkeiten

Ehrwalder Alm - Seebenwald - Seebensee - Coburger Hütte (Drachensee) - evtl. Rückweg über Tajatörl und Brendlkar

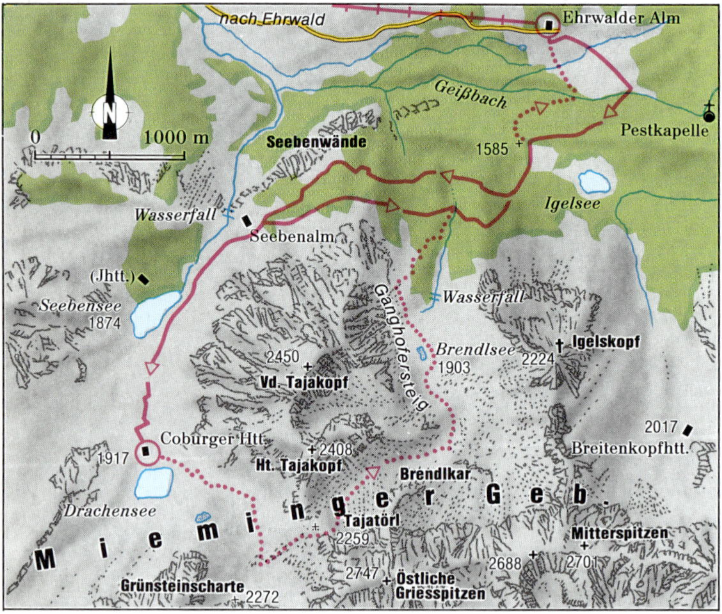

Talort: Ehrwald, 994 m, Ferienort am Fuß der Zugspitze, großartiges, hochalpines Panorama.
Ausgangspunkt: Ehrwalder Alm, 1500 m, Bergstation einer Kleinkabinenbahn; Talstation am oberen, östlichen Ortsrand von Ehrwald.
Parkmöglichkeit: Großparkplatz an der Talstation.
Gehzeiten: Ehrwalder Alm - Seebensee 1 ¾ Std., Seebensee - Coburger Hütte ¾ Std., evtl. Weiterweg zum Hinteren Tajatörl 1 Std., Rückweg von dort 1 ½ Std.
Anforderungen: Bis zum Seebensee bequeme Straße, dann gute, aber steinige Bergwege, Abstieg durchs Brendlkar auf kleinem Steig.
Höchste Punkte: Coburger Hütte, 1917 m; evtl. Hinteres Tajatörl, 2408 m.
Einkehrmöglichkeiten: Seebenalm, Coburger Hütte, Gasthöfe auf der Ehrwalder Alm.
Sehenswertes: Zwei malerische Bergseen, Blick auf die 800 m hohe Wetterwand.

Gewitterstimmung über den Mieminger Bergen (Tajakopf).

Die Coburger Hütte sollte jeder einmal besuchen! Ein lieblicher und ein sehr strenger Bergsee, herrliche Wälder, Bergmatten und dazu ein Revier eindrucksvoller Felsberge - das sind die Merkmale dieser Route. Eine sanfte, gemütliche Bummeltour ist der Weg zum Seebensee, der Aufstieg zur Coburger Hütte erfordert ein kurzes Steigen.

Zur Coburger Hütte: Von der Ehrwalder Alm talein zum Bach und dann nach rechts auf den gegenüberliegenden Waldrücken. Bald danach Verzweigung. Entweder auf der Straße oder oberhalb auf dem Fußweg zur Seebenalm. Weiter zum nahen Seebensee, links an ihm entlang und über eine von Latschen bestandene Stufe zur Coburger Hütte über dem Drachensee.

Möglicher Rückweg über das Tajatörl: Von der Hütte zum Drachensee hinab. Über die Böden und Geröllflächen ins Hintere Tajatörl. Drüben durch das schmale Schuttkar abwärts, links um die Ecke und hinaus zum Brendlsee. Über eine hohe, bewachsene Stufe hinab zum Aufstiegsweg im Seebenwald.

27 Platt und Gatterl

Das ganz große Abstiegs-Abenteuer

Bergstation der Zugspitzbahn – Platt – Gatterl – Feldernjöchl – Ehrwalder Alm – Ehrwald

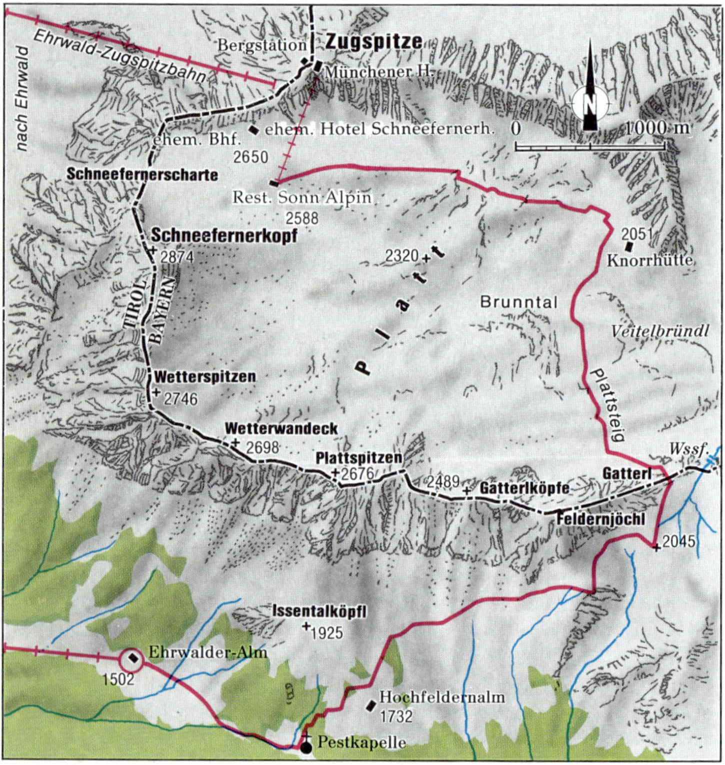

Talort: Ehrwald, 994 m, großer Ferienort am Fuß der Zugspitze, großartiges, hochalpines Panorama.
Ausgangspunkt: Restaurant Sonn Alpin (2588 m). Man erreicht es folgendermaßen: Busfahrt aus der Ortsmitte von Ehrwald zur Talstation der Tiroler Zugspitzbahn; Bergfahrt zum Zugspitz-Gipfel und Abstieg (evtl. unangenehm) oder Abfahrt mit der Gletscherbahn aufs Platt.
Parkmöglichkeit: Beliebig in Ehrwald.

Gehzeiten: Sonn Alpin - Knorrhütte - Gatterl $2^1/_2$ Std., Gatterl - Ehrwalder Alm $1^1/_2$ Std.
Anforderungen: Rauhe Bergpfade, am Gatterl eine ganz kurze Felsstelle (Drahtseil); nicht bei Nebel gehen!

Höchste Punkte: Sonn Alpin, 2588 m, Am Brand, 2130 m.
Einkehrmöglichkeiten: Sonn Alpin, Knorrhütte, Hochfeldernalm, Ehrwalder Alm.
Sehenswertes: Zugspitze, mächtiges Karstplateau, Hochwanner-Nordwand.

Zugspitzmassiv von Süden mit Schneefernerkopf.

Der große Abstieg vom Zugspitzplatt über das Gatterl nach Ehrwald vermittelt die unterschiedlichsten Eindrücke. Da gibt es zunächst den Gang über das ewig weite, graue Karstplateau des Platts, als zweites dann den Blick von der Knorrhütte ins düster-tiefe Reintal, aus dem die Hochwanner-Nordwand 1400 m hoch aufsteigt. Beim Gatterl erwarten einen dann ganz neue Ausblicke; jetzt dominieren die Mieminger Berge mit ihren hohen, dunklen Wäldern im östlichen Teil und einem Zackenmeer im westlichen. Und beim Gang über die sanften Wiesenböden hinab nach Ehrwald (man kann auch mit der Bahn fahren), bewundert man vor allem die so reichhaltige Flora.

Vom Sonn Alpin zum Gatterl: Ganz auf der Nordseite des Platts auf dem Weg hinab zur Knorrhütte. Nun Querung auf dem Plattsteig und kurzer, steiler Aufstieg (Drahtseil) zum Gatterl.

Weiterweg zur Ehrwalder Alm: Kurz abwärts, dann wieder empor ins gleichhohe Feldernjöchl, 2045 m. Querung der Hänge leicht aufwärts zur Schulter „Am Brand". Nun Diagonalabstieg über die Steilhänge am Fuß der Gatterlköpfe zu den Wiesen der Feldernalm und nach Westen durch einen Bacheinschnitt zur Ehrwalder Alm. Über die Wiesen oder mit der Bahn nach Ehrwald.

28 Eibsee, 978 m

Bergsturzlandschaft am Fuß der Zugspitze

Rund um den höchstgelegenen Badesee Deutschlands

Talort: Grainau, 758 m, Ort zu Füßen des Waxensteinkammes. Haltepunkt der Bayerischen Zugspitzbahn.
Ausgangspunkt: Ostufer des Eibsees, 980 m, dorthin auf großer Straße von Grainau, 4 km.
Parkmöglichkeit: Großparkplatz kurz vor dem Ostufer (Gebühr).
Gehzeit: Insgesamt 1½ Std.
Anforderungen: Ideal angelegter Wanderweg, fast eben.
Höchster Punkt: Über dem Südufer des Sees, 1020 m.
Einkehrmöglichkeiten: Nur im Bereich des Parkplatzes.
Sehenswertes: Nordabstürze der Zugspitze und Wände des Waxensteinkammes, Bergsturzlandschaft.

Links: Eibsee mit Zugspitze.

Diese gemütliche Wanderung ist so recht eine Tour zum Schauen. Da gibt es nicht nur die Zugspitze mit ihren mehr als tausend Meter hohen Felswänden und den sechsgipfeligen Waxensteinkamm. Von ungewöhnlichem Formenreichtum ist vor allem das Nordufer des Eibsees mit seinen Buchten und Winkeln und den sieben Inseln. Und im Wald trifft man immer wieder auf eigenartige Tümpel inmitten eines vollkommen unregelmäßigen Geländes aus kleinen Köpfen, Mulden, Tälchen und Felsbrocken jeder Größe. Diese Kuppenlandschaft und auch der Eibsee sind Folgen eines riesigen prähistorischen Bergsturzes, der vom Zugspitz- und Waxensteinmassiv herabkam und heute eine Fläche von etwa zehn Quadratkilometer(!) bedeckt.

Rund um den Eibsee: Die Route bietet schönere Ausblicke, wenn man das Südufer für den Hinweg, das Nordufer für die Rückkehr auswählt. Von dem Hotel nach links und auf einer Straße am Ufer entlang zur Badeanstalt. Auf dem Fahrweg noch um eine Bucht, dann kurz etwas empor und bald darauf auf einem Fußweg weiter. Hier, im Südwestteil, fallen die Hänge sehr steil ins Wasser ab. Am Westzipfel des Sees wird das Gelände wieder flacher. Nach einem relativ glatten Uferabschnitt kommt man in den Bereich des Bergsturzes. In dem stark gegliederten Gelände weicht der Weg mehrmals nördlich in den Wald aus, um so einen Umweg um die Landzungen zu vermeiden. Eine Bucht, Untersee genannt, wird auf einem langen Steg überquert. Bald darauf erreicht man wieder das Hotel und den Parkplatz.

29 Im Höllental

Grandiose Felsschlucht am Fuß der Zugspitze

Kreuzeck - Hupfleitenjoch - Knappenhäuser - Höllentalangerhütte - Höllentalklamm - Hammersbach

Talort: Garmisch-Partenkirchen, 708 m, bekannter Ferien- und Wintersportort im weiten Talkessel der Loisach mit sehr schöner Hochgebirgskulisse.
Ausgangspunkt: Kreuzeck, 1621 m, Bergstation der Kreuzeckbahn. Zufahrt zur Talstation von Garmisch auf der Hauptstraße nach Westen (Richtung Grainau, Ehrwald) zum Ortsrand, hier Abzweigung nach Süden.
Parkmöglichkeit: An der Talstation.
Gehzeiten: Kreuzeck - Hupfleitenjoch - Höllentalanger 2 Std., Höllentalanger - Hammersbach 1½ Std., Hammersbach - Talstation ½ Std.
Anforderungen: Sehr gut ausgebaute Steige in jedoch steilem, teilweise felsdurchsetztem Gelände.
Höchster Punkt: Hupfleitenjoch, 1760 m.
Einkehrmöglichkeiten: Mehrere Häuser im Bereich des Kreuzecks, Knappenhäuser, Höllentalangerhütte.
Sehenswertes: Gewaltige Felslandschaft, Höllentalklamm.

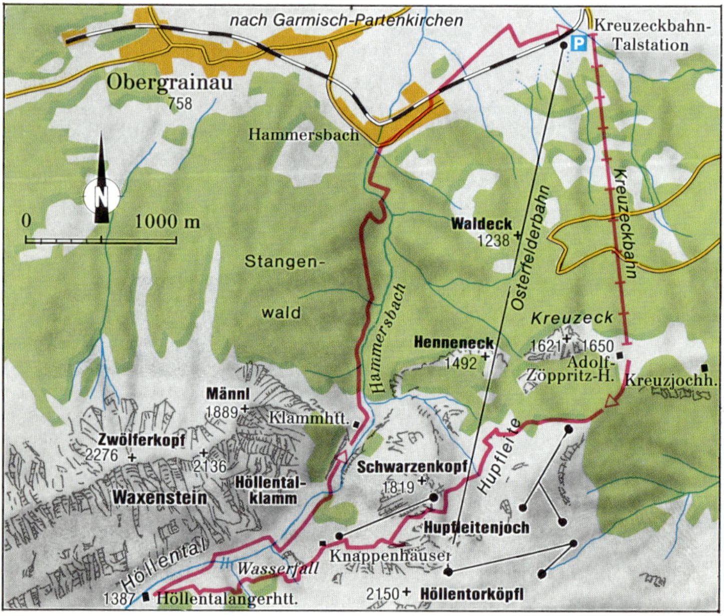

Auf dem Weg vom Hupfleitenjoch ins Höllental.

Die heutige Route dürfte - obwohl sie keinen Gipfel berührt - die nachhaltigsten Erlebnisse vermitteln. Beim Weg über das Hupfleitenjoch bewundert man vor allem die 1000 m hohen Steilflanken des Waxensteinkammes. Dann erreicht man den Höllentalanger. Dieser fast ebene, grüne Talboden bildet einen besonderen Kontrast zum Zugspitzmassiv südlich über ihm. Und schließlich führt der Weg noch durch die Höllentalklamm, die mit ihren tosenden Wassermassen und dem aufgehäuften Lawinenschnee eindrucksvoller als andere Schluchten ist.

Vom Kreuzeck über das Hupfleitenjoch ins Höllental: Vom Kreuzeck nach Süden in einen flachen Sattel hinab. Wegkreuz. Auf dem rechten Weg etwa eben durch die Hänge nach Westen auf eine Rippe, unter der Osterfelderbahn hindurch, dann aufwärts in das Hupfleitenjoch. Drüben in steilem Gelände hinab zu den herrlich gelegenen Knappenhäusern. Anschließend quer durch die Hänge - leicht abwärts zum Höllentalanger mit der Alpenvereinshütte.

Durch das Höllental nach Hammersbach: Dreimal die Bachseite wechselnd durch das sehr scharf eingeschnittene Tal auswärts zur Höllentalklamm. Durch sie steil abwärts (viele Tunnels, naß; Gebühr) und dann durch das flache, untere Tal hinaus nach Hammersbach. Auf Weg über die Wiesen zurück zur Talstation.

30 Über die Bernadeinscharte ins Reintal

Alpspitz-Nordwand und Partnachklamm

Osterfelderkopf - Bernadeinscharte - Stuibensee - Stuibenwald - Reintal - Partnachklamm - Bahnhof Garmisch-Partenkirchen

Talort: Garmisch-Partenkirchen, 708 m, bekannter Ferien- und Wintersportort im Talkessel der Loisach mit sehr schöner Hochgebirgskulisse.
Ausgangspunkt: Osterfelderkopf, 2020 m, Bergstation der großen Seilbahn. Beste Möglichkeit, die Talstation zu erreichen: Fahrt vom Bahnhof Garmisch-Partenkirchen mit der Bayerischen Zugspitzbahn.
Parkplätze: Im Bereich des Bahnhofs.
Gehzeiten: Osterfelderkopf - Stuibensee 1 Std., Stuibensee - Reintal 1¾ Std., Reintal - Bahnhof 1½ Std.
Anforderungen: Die Nordwandquerung erfordert absolute Trittsicherheit und Schwindelfreiheit; umgeht man diese Passage nördlich, so handelt es sich durchwegs um zwar steinige, aber gut begehbare Bergpfade.
Höchste Punkte: Bernadeinscharte, 2110 m, Stuibensee, 1950 m.
Einkehrmöglichkeiten: Hochalm, Gasthöfe bei der Partnachklamm.
Sehenswertes: Alpspitz-Nordwand, Stuibensee, Partnachklamm.

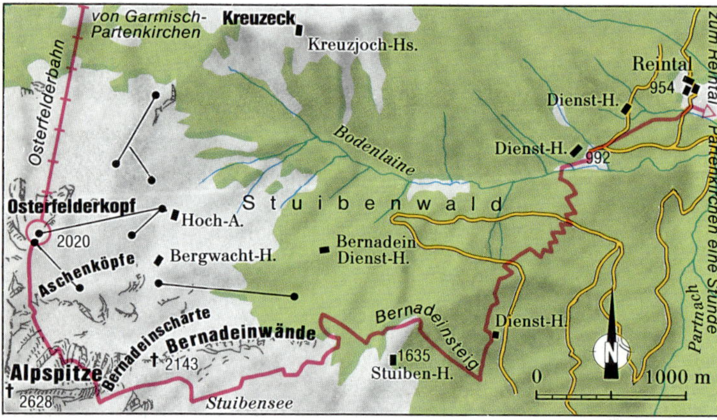

Wie ein Spinnennetz überziehen die Wege das Gebiet rund um das Kreuzeck. Das ergibt eine Fülle von Möglichkeiten. Wir haben die interessanteste Route herausgesucht, die jedoch auch relativ lang und anspruchsvoll ist. Für alle, die weniger weit oder auf einfacheren Wegen gehen wollen, werden Alternativen angeboten. So kann sich jeder sein Tagespensum selbst zusammenstellen. Den Aufstieg lassen wir uns von der Osterfelderbahn abnehmen, die uns in wenigen Minuten auf 2000 m Höhe und in eine grandiose Felslandschaft bringt. Der Schwindelfreie wird dann die „Nordwandpromenade“ begehen, während der Vorsichtigere den Bernadeinwänden nördlich ausweicht.

Vom Osterfelderkopf zur Stuibenwand: Von der Bergstation etwa eben zu den Felsen der Alpspitz-Nordwand hinüber. Auf einem sehr gut versicherten Klettersteig quer hinüber in die Bernadeinscharte. Hier nach links und auf dem Steig über Gras zum Stuibensee hinab. Nach Nordosten über Matten und zwischen Latschen abwärts zum Stuibenwald, wo man auf einen querlaufenden Weg trifft. Hierher auch ohne Felskontakt, wenn man von der Bergstation erst Richtung Hochalm und dann durch die Mulde nördlich der Bernadeinwände absteigt. Auf dem Querweg nach rechts auf die Höhe der Stuibenwand. (Man kann dem Querweg auch nach links folgen und erreicht nach etwa 1 Std. das Kreuzeck.)

Rückweg durch das Reintal: Von der Stuibenwand noch 10 Min. Richtung Bockhütte, dann links ab und auf einem Fußweg lange Zeit durch den Wald abwärts. Schließlich über den Bodengraben und auf dem Fahrweg ins Reintal. Flach talaus, dann durch die großartige Partnachklamm (Gebühr). Der Weg durchs flache Tal nach Partenkirchen zieht sich noch ein gutes Stück hin.

An der Bernadeinscharte.

31 Partnachklamm - Eckbauer - Wamberg

Erlebnisreiche Wanderung mit Variationen

Olympia-Skistadion - Partnachklamm - Graseck - evtl. Weiterweg über Eckbauer nach Wamberg

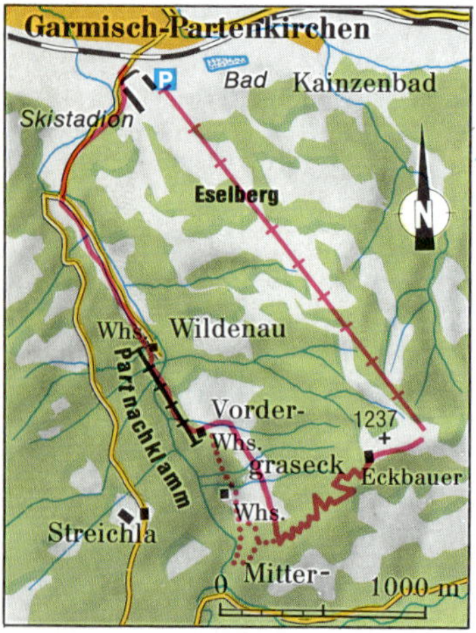

Talort: Garmisch-Partenkirchen, 708 m, bekannter Ferien- und Wintersportort im weiten Talkessel der Loisach mit sehr schöner Hochgebirgskulisse.
Ausgangspunkt: Olympia-Skistadion am südöstlichen Ortsrand.
Parkmöglichkeit: Große Parkplätze auf beiden Seiten des Stadions.
Gehzeiten: Parkplatz - Graseck 1 Std., Graseck - Eckbauer 1 Std., Rückweg über Wamberg 1 ¼ Std.
Anforderungen: Gute Wanderwege.
Höchster Punkt: Vordergraseck, 890 m, evtl. Eck (Eckbauer), 1237 m.
Einkehrmöglichkeiten: Es gibt Gasthäuser am Eingang zur Partnachklamm, auf dem Vordergraseck, auf dem Eck und in Wamberg.
Sehenswertes: Partnachklamm, großartige Felsschlucht mit absolut senkrechten Seitenwänden von etwa 1 km Länge.

Wer schon einmal im Werdenfelser Land ist, sollte auf keinen Fall versäumen, sich beide großartigen Felsschluchten, die Höllentalklamm (siehe Tour 29) und die Partnachklamm, anzuschauen. In der Partnachklamm strömt das Wasser relativ ruhig durch den tiefen Grund der Schlucht.

Die kleinste Runde: Vom Stadion auf der Straße längs der Partnach hinein zur Klamm und durch die Schlucht (Gebühr) in den hintersten Abschnitt. Hier stürzte 1991 eine größere Felspartie in die Partnach und staut sie nun zu einem kleinen See auf. Der Weg umgeht diese Stelle in einem Tunnel. Vom Ende der Klamm links empor und auf dem guten Fußweg nach Vordergraseck mit herrlichem Blick auf die Felsgipfel des Wettersteins. Talfahrt mit der Bahn und zurück zum Stadion.

Die mittlere Runde: Wie oben nach Vordergraseck. Weiterer Aufstieg auf guten Wegen zum freien Rücken des Ecks (Eckbauer) mit noch viel schönerem Rundblick. Talfahrt mit der Kabinenseilbahn.

Die große Runde: Wie bei der ersten Möglichkeit durch die Klamm.

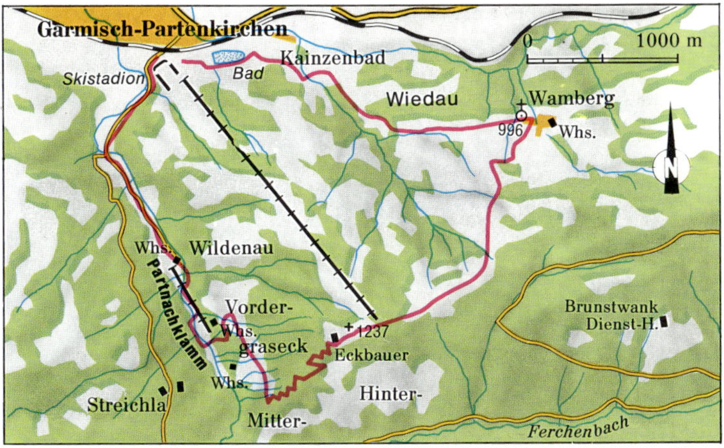

Nun jedoch rechts des Baches hinauf zum Gasthaus Partnachalm und wieder etwas abwärts zum Hohen Steg (Klammbrücke). Drüben empor nach Vordergraseck und weiter nach Eck. Auf dem freien Rücken ein Stück nach Osten, dann nordöstlich abwärts zu dem Bergdörfchen Wamberg, 996 m. Auf kleinem Sträßchen zurück.

Die Wettersteinwand. Im Vordergrund der Wamberger Rücken.

32 Kranzberg, Grünkopf und Ederkanzel

Bergwanderungen über den Geigenbauerort Mittenwald

Hoher Kranzberg – Ferchensee – Grünkopf – Ederkanzel – Lautersee – Mittenwald

Untere Wettersteinspitze.

Talort: Mittenwald, 913 m, schmucker Marktflecken und reger Ferienort im Tal der Isar, schöne Barockkirche, bekannt als Geigenbauerort.
Ausganspunkt: Bergstation der Kranzbergbahn (1240 m). Talstation auf dem Kalvarienberg im Nordwesten Mittenwalds.
Parkmöglichkeit: Parkplatz an der Talstation der Kranzbergbahnen.
Gehzeiten: Kranzberg – Ferchensee – Grünkopf 2 1/4 Std., Grünkopf – Ederkanzel – Lautersee 1 1/4 Std., Lautersee – Mittenwald 1/2 Std.
Anforderungen: Gute Bergwege, nur auf der Ostseite des Grünkopfes steiler und alpiner (Variante möglich).
Höchste Punkte: Hoher Kranzberg, 1391 m, Grünkopf, 1588 m.
Einkehrmöglichkeit: Gasthäuser am Ferchensee, auf der Ederkanzel und am Lautersee.
Sehenswertes: Zwei Berg- und Waldseen, Waldlehrpfad.

Diese Rundwanderung berührt all jene Punkte im Westen Mittenwalds, die einen Besuch wert sind. Dazu gehört der Hohe Kranzberg als Luginsland mit freiem Blick auf die Karwendelberge ebenso wie ins Wetterstein; dazu zählen die beiden großen, vom Autoverkehr fast unberührten, in Wiesen gebetteten und von Waldhügeln umsäumten Seen. Einen etwas alpineren Akzent setzt dann der Grünkopf, auch wenn er von unten eher unscheinbar ausschaut. Doch zwischen 1400 und 1500 m Höhe wartet er sogar mit einer Steilstufe auf, die ein wenig alpine Sicherheit verlangt. Und auch die Ederkanzel muß hier erwähnt werden, diese Viertäler-Aussichtsecke mit ihrem einmaligen Tiefblick.

Vom Kranzberg zum Grünkopf: Vom Lift in 30 Min. bequem auf den Kranzberg (1391 m), dann über die weite Gipfelfläche (Richtung Untere Wettersteinspitze) zur Geländekante, dann durch Wald hinab zum Ferchensee. Rechts oder links um den See zu seiner Südspitze. Hier zweigt ein Steig nach Westen ab (Obere Wettersteinspitze), der sich nach einer knappen halben Stunde mehrfach gabelt. Auf dem obersten Ast weiter und nach links - meist durch Wald - auf dem kleinen Steig zum Gipfel.

Zurück nach Mittenwald: Über den Ostrücken mit seiner Steilstufe abwärts, dann durch weitläufiges, flaches Waldgelände zur Ederkanzel. (Hierher auch vom Ferchensee.) Nun hinab nach Mittenwald oder - lohnender - zum Lautersee, an seinem Ostufer entlang, und dann entweder durch schönen Kiefernwald am Felseneck vorbei, oder durch die Laintalschlucht.

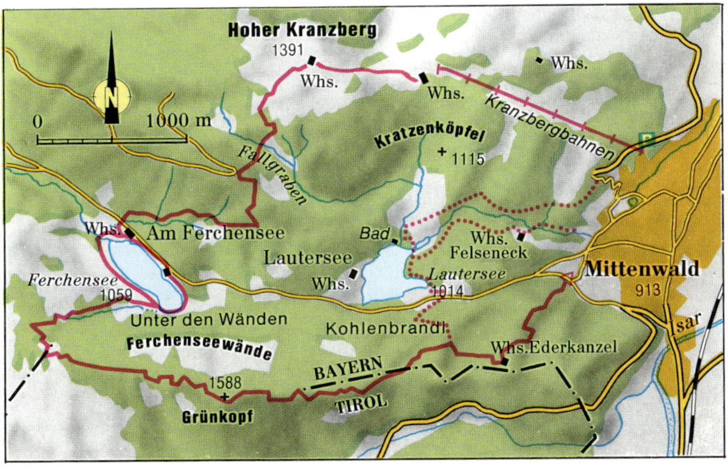

33 Rund um den Schartenkopf

Im nördlichen Arnspitzmassiv

Klammbrücke - Gasthaus Gletscherschliff - evtl. Leutaschklamm - Riedbergscharte - Mühle - Klammbrücke (oder Riedbergscharte - Große Arnspitze)

Talort: Mittenwald, 913 m, schmucker Marktflecken und reger Ferienort im Tal der Isar; schöne Barockkirche; bekannt als Geigenbauerort.
Ausgangspunkt: Klammbrücke, 1010 m, Brücke über die Leutascher Ache am Beginn der Wiesen von Unterleutasch (noch nördlich des Zollhauses).
Parkmöglichkeiten: Südlich der Brücke.
Gehzeiten: Klammbrücke - Gletscherschliff - Riedbergscharte 2¼ Std., Abstecher zur Leutaschklamm insgesamt ¾ Std., Rückweg 1 Std.; evtl. Große Arnspitze von der Mühle 3¾ Std.
Anforderungen: Bergwege ohne Gefahrenstellen (Arnspitze Bergtour mit steilem Gipfelaufbau, gesicherte Stellen).
Höchste Punkte: Riedbergscharte, 1454 m, evtl. Große Arnspitze, 2196 m.
Einkehrmöglichkeiten: Gasthaus Gletscherschliff, Gasthof Mühle.
Sehenswertes: Leutaschklamm.

Bevor das Arnspitzmassiv im Norden steil in die Leutaschklamm abfällt, wirft es noch einen runden, weitgehend von Wald überzogenen Gipfel auf. Das ist der Schartenkopf, 1616 m, den wir heute auf meist schattigen, teilweise etwas steilen Wegen umwandern wollen. Es handelt sich um einen verhältnismäßig ruhigen Ausflug - wer kennt schon diese durchaus lohnende Rundtour! Vergessen Sie Ihren Ausweis nicht (Grenzüberschreitung)! Den ausgeprägten Bergsteiger jedoch wird die Große Arnspitze locken, diese schöne, freistehende Felspyramide. Die interessanteste Route bietet der hier beschriebene Weg von Norden über die freien Achterköpfe. Doch der Gipfelaufbau erfordert einige Trittsicherheit, hier gibt es sogar drahtseilgesicherte Stellen.

Arnspitzen von Norden.

Rund um den Schartenkopf: Südlich der Brücke auf dem Fahrweg parallel zur Klamm nach Osten, dann auf kleinerem Weg quer durch die Waldhänge zum Gasthof Gletscherschliff. Abstecher (steil abwärts auf dem Fahrweg) zur Leutaschklamm (Gebühr!). Etwas unterhalb des Gasthauses Abzweigung des Fußweges (Schild) zur Riedbergscharte, die man durch schrägen Anstieg im Wald erreicht. Drüben im Schartental steil abwärts zum Gasthof Mühle und auf der Straße 1 km zurück zum Auto.

Auf die Große Arnspitze: Vom Gasthof Mühle steil in die Riedbergscharte. Dann nach Süden auf und neben dem Grat der Achterköpfe bis in 1900 m Höhe. Links durch die steilen Grashänge in eine Rinne und hinauf zum Arnspitzhütterl (Unterstand). Nach Westen über steile Hänge und einige Schrofenpassagen zum Gipfelkreuz.

34 Das Puittal

Ein Tal – drei sehr interessante Möglichkeiten

Gasse – Puitbach – Puiteck – Scharnitzjoch, evtl. Gehrenspitze oder Söllerpaß

Talort: Oberleutasch, Ortsteil Lehner, 1115 m, ruhiger, sonniger Ferienort.
Ausgangspunkt: Am nördlichen Ortsende von Lehner.
Parkmöglichkeiten: Am Straßenrand.
Gehzeiten: Lehner – Puitalm 1½ Std., Puitalm – Söllerpaß 1¾ Std., Puitalm – Scharnitzjoch 1¼ Std., Scharnitzjoch – Gehrenspitze 1¼ Std.
Anforderungen: Puittal und Scharnitzjoch guter Bergweg; zum Söllerpaß hohe Felsstufe, Trittsicherheit notwendig; Gehrenspitze kleiner Steig in teilweise sehr steilen Grashängen.
Höchste Punkte: Scharnitzjoch, 2048 m, Söllerpaß, 2211 m, Gehrenspitze, 2367 m.
Einkehrmöglichkeiten: Im Bereich des Puittales keine.
Sehenswertes: Gewaltige Felslandschaft über grünem Talboden, Blick in die Schüsselkarspitz-Südwände.

Der Öfelekopf, 2479 m, ein gewaltiges, völlig isoliert aufragendes Felsmassiv, trennt das Bergltal vom Puittal, diese beiden so ungleichen Einschnitte. Das erste imponiert mit seiner Wildheit, das andere bildet in halber Höhe einen Wiesenboden, sanft und glatt wie eine Parklandschaft. Schon die Wanderung alleine zu diesem Boden, der Puitalm, ist wirklich lohnend. Dem Unternehmungslustigen aber bieten sich weitere Möglichkeiten an: Die unschwierige Überschreitung des Scharnitzjoches, oder eine Besteigung der Gehrenspitze.

Zur Puitalm: Von Lehner auf dem Fahrweg zum Puitbach. Über die Brücke, dann links auf dem guten, aber teilweise steinigen Fußweg

Leutascher Dreitorspitze über dem Puittal.

durch lichten Wald an eine Geländeecke und auf die weite Puitalm.

Ins Scharnitzjoch: Auf dem Hauptweg über Böden, dann durch zerfurchte Hänge problemlos ins Joch empor. Von dort oben bietet sich ein Abstieg über die Wangalm nach Klamm/Oberleutasch an (1 ¾ Std., steinige Wege).

Auf die Gehrenspitze: Auf diesen, mit gewaltiger Wand (500 m hoch) ins Puittal abbrechenden Gipfel, 2367 m, führt vom Scharnitzjoch aus ein Steig. An der Erinnerungshütte (nicht bewirtschaftet) vorbei und über einen Kopf an das Massiv heran. Dann immer in den sehr steilen Südhängen auf dem kleinen Steig zum Gipfel.

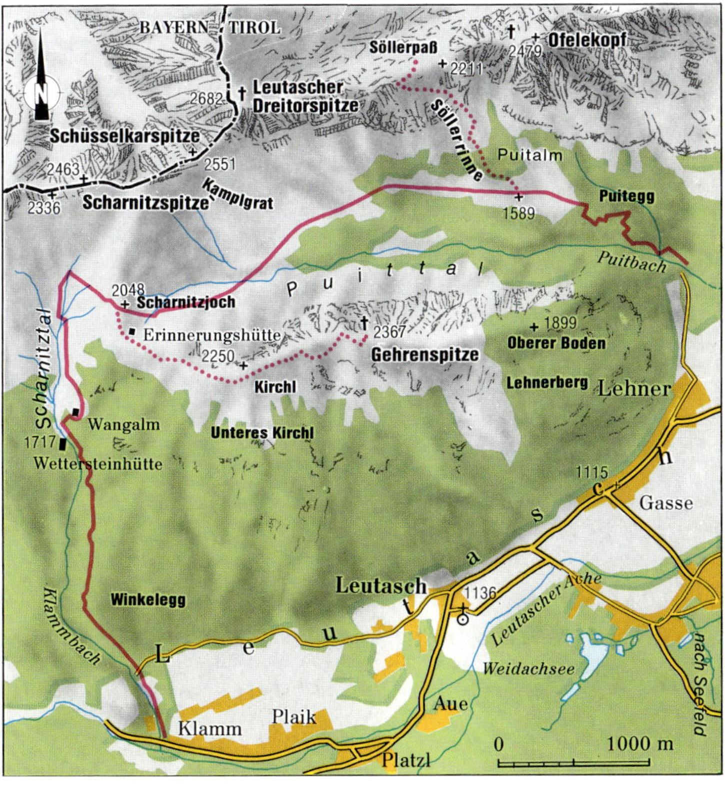

35 Schönberg oder Predigtstuhl

Aussichtskanzeln auf der Wetterstein-Südseite

Gaistal – Hemermooswiesen – Loatental – Rotmoosalm – Schönberg

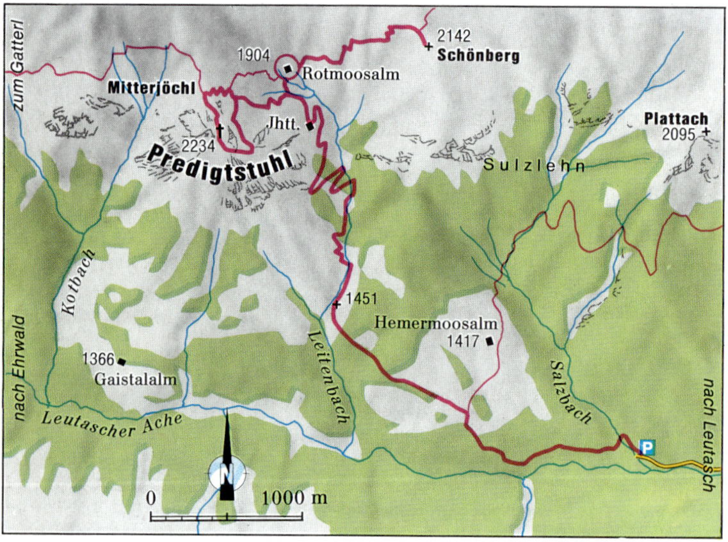

Talort: Oberleutasch, 1172 m, ruhiger, sonniger Ferienort im langgestreckten Wiesental der Leutasch.
Ausgangspunkt: Salzbachbrücke im Gaistal, 1220 m, etwa 2 km von Leutasch/Klamm auf der Talstraße.
Parkmöglichkeit: Vor der Brücke.
Gehzeiten: Brücke – Rotmoosalm 2 1/4 Std., zu den Gipfeln ewta 1 Std.

Anforderungen: Zum Schönberg im oberen Teil kleine Wege, doch ohne Schwierigkeiten. Zum Predigtstuhl felsdurchsetztes Gelände, jedoch nicht ausgesetzt.
Höchste Punkte: Schönberg, 2142 m, oder Predigtstuhl, 2223 m.
Einkehrmöglichkeit: Evtl. Hemermoosalm.

Der Hochwanner, 2744 m, Hauptgipfel im Südkamm des Wettersteingebirges, fällt auf der Gaistalseite mit einer mehr als 1000 m hohen Flanke ab. Aus diesen Steilhängen wächst ein relativ mächtiger Kopf empor, der Predigtstuhl. Das ist die allerbeste Aussichtskanzel für das gesamte Tal. Der Predigtstuhl stellt zudem ein Beispiel für ungeschickte Weganlagen dar. Da gibt es eine markierte Route durch die steile,

Hemermossalm mit Schönberg links im Mittelgrund. Im Hintergrund der Hinterreintalschrofen mit dem Teufelsgrat.

grasige Ostflanke. Ungleich schöner und nicht schwieriger wäre ein Aufstieg über den von Rippen und Rinnen gegliederten Nordgrat. Wer jedoch gemütlicher zu einem Gipfelsieg kommen will, der begnügt sich mit dem unauffälligen, grasigen Schönberg.

Zur Rotmoosalm: Von der Salzbachbrücke auf der Talstraße, bis nach etaw 10 Min. die Straße zur Hemermoosalm (Hämmermoosalm) abzweigt. Auf ihr bis zu den Wiesen. Bei einem Schild dann nach links auf einem alten Ziehweg ins Loatental. Über den Bach, drüben noch ein gutes Stück aufwärts, bis man auf eine rücksichtslos das Gelände durchschneidende Straße trifft. Auf ihr zur Alm.

Schönberg: Graskopf östlich über der Alm. Auf einem Steig in den Sattel zwischen ihm und dem Hauptmassiv und über den Rücken zum Gipfel.

Predigtstuhl: Er steht als Gras- und Felsberg westlich über der Alm. Den Markierungen folgend über die Weidehänge gegen den Sattel nördlich des Predigtstuhles. Nun entweder vor dem Sattel nach links in die Hänge und steil (eine unangenehme Rinne) längs der Markierungen zum Gipfel. Oder oben vom Sattel über den gerippten Nordgrat.

36 Niedere Munde, 2059 m

Der Sattel mit dem überraschenden Blick nach Süden

Gaistal - Wiesen der Gaistalalm - Niedere Munde

Talort: Oberleutasch, 1172 m, ruhiger, sonniger Ferienort im langgestreckten Wiesental der Leutasch.
Ausgangspunkt: Salzbachbrücke im Gaistal, 1220 m, etwa 2 km von Leutasch/Klamm auf der Gaistalstraße.
Parkmöglichkeit: Vor der Brücke.

Gehzeiten: im Tal 1¼ Std., Flankenaufstieg zum Sattel 2¼ Std.
Anforderungen: Im oberen Teil kleiner, steiniger, aber ordentlicher Steig.
Höchster Punkt: Niedere Munde, 2059 m.
Einkehrmöglichkeit: Gaistalalm.

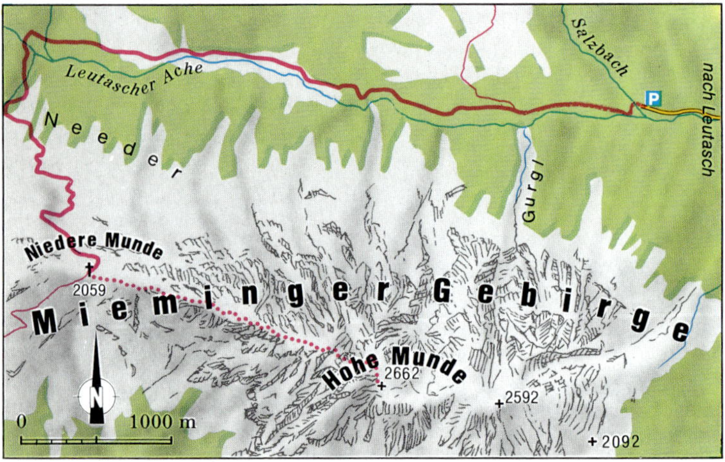

In dem etwa 20 km langen Hauptkamm der Mieminger Berge gibt es nur zwei deutliche, weite Einsattelungen, das Marienbergjoch (Tour 24) und die Niedere Munde, auch Niedermundesattel genannt. Letztere, unser heutiges Ziel, wird von zwei besonders gewaltigen Felsbergen umrahmt, der Hochwand, 2721 m, und der Hohen Munde, 2662 m. Der Aufstieg zerfällt in zwei recht unterschiedliche Abschnitte. Bis zur Gaistalalm wandert man auf der großen Forststraße, dann geht es ziemlich direkt auf einem kleinen, aber guten Weg über die steilen Hänge in den Sattel empor. Überraschender Blick nach Süden auf die Stubaier Berge. Etwas Besonderes dieser Tour: Trotz Tal und einiger Waldpassagen bleibt der Blick auf die Berge rundum fast immer frei.

Der Aufstieg: Von der Salzbachbrücke auf der Talstraße einwärts. Sie bleibt nördlich oberhalb des Baches, führt durch Wald und über Wiesenböden. Nach den Gaisalmwiesen noch 400 m durch Wald zu einem von rechts kommenden Nebenbach. Gleich dahinter Straßenverzweigung. Links hinab und über den Gaistalbach. Gleich hinter der Brücke zweigt die Route zur Niederen Munde ab. Durch Wald (auf die Markierungen achten!) und über eine Wiese, später zwischen Latschen direkt zum Paß empor. Um einen freien Blick zu gewinnen, kann man über den anfangs breiten Gratrücken nach Osten aufsteigen. Nach einem Latschenkopf erreicht man bald den Grasrücken.

Die Hohe Munde läßt sich von hier auf einem sehr alpinen Steig in 2 Std. erreichen. Nur für gute Bergsteiger, die auch im steilen, brüchigen Felsgelände zurechtkommen (leichte Kletterei, Drahtseile).

Hohe Munde von der Feldernalm.

37 Reither Spitze, 2374 m

Verschiedene Möglichkeiten am höchsten Berg Seefelds

Entweder: Reith – Schartlehnerhaus – Nördlinger Hütte – Reither Spitze; oder Rundtour vom Härmelekopf aus

Talort: Entweder Reith, 1130 m, Dorf in herrlicher Lage hoch über dem Inntal; oder Seefeld, 1180 m, berühmter, schon etwas mondäner Ferien- und Wintersportort (Olympische Spiele) in einem weiten, sonnigen Becken gelegen.
Ausgangspunkt: Entweder Kirchplatz in Reith; oder Bergstation der Seefelder Bahnen am Härmelekopf, 2224 m, dorthin vom nordöstlichen Seefeld mit Schrägaufzug und Seilbahn.
Parkmöglichkeiten: Beschränkter Parkraum in den Straßen von Reith; großer Parkplatz an der Talstation der Bahnen.
Gehzeiten: Reith – Nördlinger Hütte 3¼ Std., Hütte – Reither Spitze 25 Min., Rundtour vom Härmelekopf 2 Std.
Anforderungen: Aufstieg von Reith zur Hütte auf ordentlichem Bergweg, die Gipfelregionen jedoch sind steil und schrofig und erfordern deshalb etwas Trittsicherheit und Geschicklichkeit.
Höchste Punkte: Reither Spitze, 2374 m, oder Seefelder Spitze, 2221 m.
Einkehrmöglichkeiten: Nördlinger Hütte, Roßhütte.
Sehenswertes: Wilde Felsformationen (Ursprungtürme, Wibmertürme), großartige Fernsicht.

Wieviel Geld ist Ihnen das Einsparen von exakt 800 Höhenmetern Aufstieg wert? Die Bergfahrt mit den Bahnen von Seefeld zum Härmelekopf erspart Ihnen 1½ Std. Gehzeit und 800 Höhenmeter.
Es hängt also ganz von Ihnen ab, wie Sie den heutigen Tag gestalten. Kommen Sie mit den Bahnen herauf und packen Sie dann die – relativ kurze – Gipfelrunde an? Oder starten Sie unten in Reith und wandern zu Fuß empor, dabei die sich stets steigernden Ausblicke – vor allem inntalaufwärts – genießend? Die Reither Spitze selbst ist auf jeden Fall einen Besuch wert,

Die Nördlinger Hütte am Weg zur Reither Spitze.

gehört sie doch zu den besten Aussichtsbergen im Bereich unseres Führers. Und die am Südfuß des leicht felsigen Gipfelaufbaus gelegene Nördlinger Hütte ist nicht nur die höchste Alpenvereinshütte des Karwendels, sondern auch eine der schönstgelegenen überhaupt.

Aufstieg von Reith: Von der Kirche gerade empor zum Waldrand und durch herrlichen Lärchen- und Birkenwald ein gutes Stück nach links. Lange Zeit durch Hochwald empor, dann links leicht abwärts zum zeitweise bewirtschafteten Gasthaus Schartlehner. Über einen Latschenhang, dann neben dem Grasgrat zur Nördlinger Hütte. Links der Kante im schrofigen Gelände steil (ein wenig Kletterei) aber ungefährlich zum Gipfelkreuz auf der Reither Spitze.

Die Gipfelrunde: Vom Härmelekopf quer durch die sehr steilen Hänge zur Nördlinger Hütte. Wie oben auf die Reither Spitze. Nach Nordwesten steil (Sicherungen, Leiter) hinab in den Sattel vor dem Härmelekopf und rechts hinab ins Reither Kar. Nun entweder Gegenanstieg zur Seefelder Spitze, 2221 m, und Gratweg zum Seefelder Joch (teilweise sehr steiles Grasgelände) oder Querung der ebenfalls recht steilen Hänge auf dem Schönangersteig zum Seefelder Joch oder zur Roßhütte (Bergbahnstationen).

38 Eppzirltal

Im Herzen der zackenstrotzenden Erlspitzgruppe

Gießenbach - Gießenbachtal - Eppzirltal - Eppzirler Alm

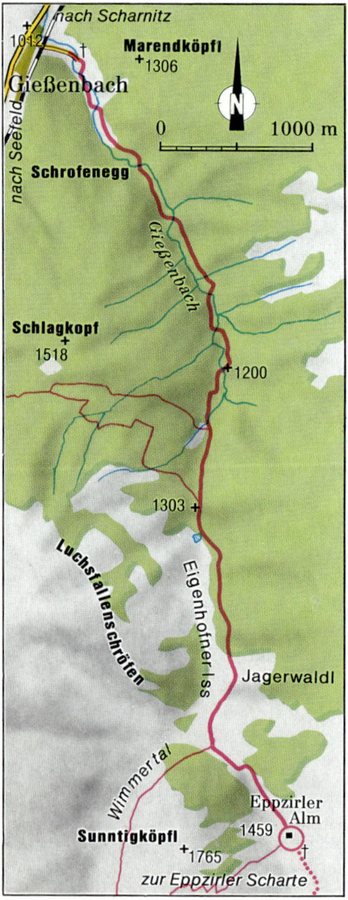

Talort: Gießenbach, 1012 m, neuentstandene Siedlung zwischen Scharnitz und Seefeld an der Ausmündung des gleichnamigen Tales.
Ausgangspunkt: Ausmündung des Gießenbachtales, 1012 m.
Parkmöglichkeit: Kleiner Parkplatz hinter der Eisenbahn-Überführung.
Gehzeiten: Gießenbach - Eppzirler Alm 2 Std., evtl. Weiterweg zur Eppzirlscharte 1¾ Std.
Anforderungen: Zur Alm bequeme Wanderung auf einer Almstraße; zur Eppzirlscharte steiler Pfad im Geröll; Freiungen-Höhenweg Klettersteig.
Höchste Punkte: Eppzirler Alm, 1459 m, bzw. Eppzirlscharte 2102 m, bzw. Freiungen 2332 m.
Einkehrmöglichkeit: Eppzirler Alm, evtl. Solsteinhaus.
Sehenswertes: Gießenbachschlucht, stark gegliederte Felslandschaft.

Die Erlspitzgruppe ist das letzte, westliche Anhängsel des Karwendelgebirges. Dieser etwa zehn Kilometer lange Gipfelkamm, ein in Zacken, Türme und Schluchten aufgelöstes Felsrevier (eine Folge der senkrechtstehenden Schichten) umschließt hufeisenförmig das Eppzirltal. Und genau in der Mitte dieses Hufeisens liegt die Eppzirler Alm. Von Gießenbach kann man durch das langgestreckte Tal zu dieser Jausenstation hineinwandern, anfangs in einer interessanten Schlucht, im Mittelteil durch ein etwas enges Waldtal, schließlich auf breiten, teils schotterigen, teils von Matten überzogenen Böden mit der bizarren Felskulisse dahinter. Wen diese besinnliche Wanderung nicht ausfüllt, wird in alpinere Regionen hinaufsteigen, die Eppzirlscharte überschreiten, oder sich gar am Freiungen-Höhenweg versuchen.

Vom Dorf Gießenbach zur Alm: Neben dem Gießenbach über die Bahn. Immer auf der Forst- bzw. Almstraße talein, anfangs durch eine schöne Schlucht, dann im Waldtal. Schließlich über Geröll und Gras zum Gasthaus.

Überschreitung der Eppzirlscharte: Über die Wiesenböden talein (auf die Markierungen achten!) und zwischen Latschen ins Kuhloch, das große Geröllkar im Talhintergrund. Auf dem Steig über die hohe Schuttreiße, schließlich durch eine schmale Schuttrinne in die Scharte. Drüben durch eine von wilden Felszacken belebte Landschaft steil abwärts zum Solsteinhaus und von dort hinab nach Hochzirl (Bahnhof).

Der Freiungen-Höhenweg: Dieser Felsensteig gehört zu den interessantesten Wegen im Karwendel. Gute Trittsicherheit unbedingt notwendig; stellenweise gesichertes Felsgelände. Am besten als Rundtour: Nördlinger Hütte (Tour 37) - Ursprungsattel - Freiungen - Eppzirlscharte - Eppzirltal.

Die Kuhlochspitze aus dem Eppzirltal.

39 Mittagkopf und Zäunlkopf

Stille Bergwanderung vor großer Kulisse

Gießenbach - Mittagkopf - Zäunlkopf - Oberbrunnalm - Karltal - Gießenbachtal - Gießenbach

Talort: Gießenbach, 1012 m, neuentstandene Siedlung zwischen Scharnitz und Seefeld an der Ausmündung des gleichnamigen Tales.
Ausgangspunkt: Ausmündung des Gießenbachtales, 1012 m.
Parkmöglichkeit: Kleiner Parkplatz hinter der Eisenbahn-Überführung.
Gehzeiten: Gießenbach - Mittagkopf $1^3/_4$ Std., Mittagkopf - Zäunlkopf - Oberbrunnalm $^3/_4$ Std., Abstieg 1 Std.
Anforderungen: Kleine, teilweise etwas undeutliche Bergwege ohne Schwierigkeiten und Gefahrenstellen.
Höchste Punkte: Mittagkopf, 1636 m, Schulter am Zäunlkopf, 1746 m.
Einkehrmöglichkeit: Oberbrunnalm.
Sehenswertes: Gießenbachschlucht.

Die heutige Wanderung gehört zu den einsamsten und unbekanntesten im ganzen Gebiet. Diese Köpfe fallen vom Tal aus so gar nicht ins Auge, liegen sie doch mitten in einer sehr markanten, alle Blicke auf sich ziehenden Felslandschaft; auf drei Seiten werden sie umrahmt von den großen Karwendelgipfeln, während das letzte Viertel im Kreis die Arnspitzen füllen. Aber gerade diese Lage im Zentrum verleiht der heutigen Tour einen ursprünglichen, völlig eigenen Zauber. Man ist gleichsam an seinem privaten, ganz individuellen Berg unterwegs und genießt dabei den Blick auf die Großen rundum: Einmal wird das Wetterstein frei, dann das Massiv der Brunnsteinspitze, später die großen Karwendelketten mit Pleisenspitze und Hochgleiersch, und anschließend nimmt uns die Erlspitzgruppe mit ihren Zackenkämmen gefangen.

Aufstieg: Nur wenige Minuten auf der Straße ins Gießenbachtal. Bei der ersten Brücke links ab und auf dem Fußweg links hinaus zum Rücken. Durch Wald nördlich um das Marendköpfl zur Bergstation der Scharnitzer Skilifte. Fortsetzung des Weges nach Osten am linken, unteren Rand der Lichtung. Auf dem kleinen Steig durch Hochwald, über Lichtungen und freie Flächen zum Mittagkopf hinauf. Ein paar Meter abwärts, dann meist durch Latschenfelder auf die Südschulter des Zäunlkopfes. Südlich unter diesem Berg hindurch und immer in den Hängen bleibend quer hinüber zu den Wiesen der Oberbrunnalm.

Abstieg: Auf der Straße durch Karltal und Gießenbachtal zurück.

Links: Auf dem Weg ins Gießenbachtal.

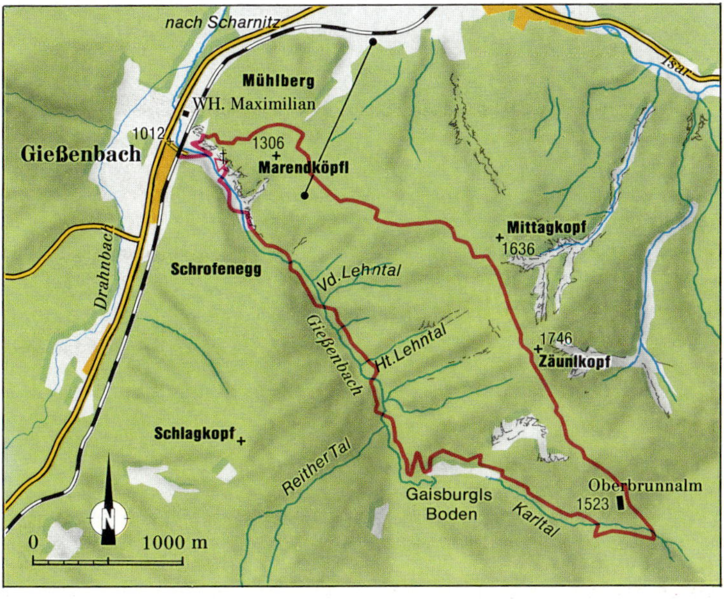

40 Pleisenhütte, 1757 m

Die Karwendel-Aussichtskanzel

Scharnitz - Pürzlkapelle - Karwendelsteg - Wasserlegraben - Pleisenhütte

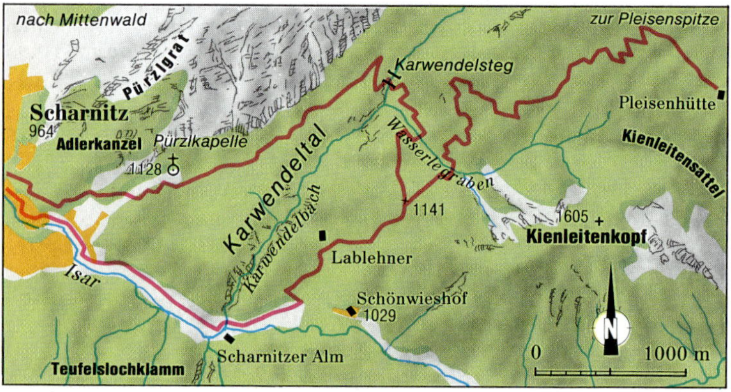

Talort: Scharnitz, 964 m, erster Ort auf Tiroler Seite, schön auf einem Talboden der jungen Isar gelegen.
Ausgangspunkt: Von der Kirche auf Eisackweg und Hinterautalstraße zur Isarbrücke am südöstlichen Ortsrand.
Parkmöglichkeit: Parkplatz hinter der Brücke, 971 m.
Gehzeiten: Scharnitz - Karwendelsteg 1 Std., Karwendelsteg - Pleisenhütte 2 Std.
Anforderungen: Straßen und gute Wege.
Höchster Punkt: Pleisenhütte, 1757 m, evtl. Pleisenspitze, 2547 m.
Einkehrmöglichkeit: Pleisenhütte.
Sehenswertes: Blick auf die großen Nordwände in der Gleierschkette.

Das ist ein kleiner Abstecher ins Revier der hohen Karwendelberge. Auf dem Südwestrücken der Pleisenspitze liegt diese private Hütte in völlig freier Lage. So kann man ungehindert nach Westen schauen ins Wetterstein und zu den Mieminger Bergen und nach Süden auf die gesamte Gleierschkette, die Solsteine und die Erlspitzgruppe. Besonderes Schaustück aber sind die Nordwände von Hochgleiersch, Jägerkarspitze und Praxmarerkarspitze, 2642 m, die bis zu 900 m hoch gleich gegenüber, also jenseits des Gleierschtales, aufragen. Es handelt sich dabei um düster-zerborstene Felsflanken, die von den heutigen Kletterern wegen der enormen Brüchigkeit des Gesteins gemieden werden. Den östlichen Teil der Praxmarerkarspitz-Nordwand nennt man auch Melzerwand nach dem Innsbrucker Kletterer Otto Melzer, der hier 1902 unter dramatischen Umständen ums Leben kam.

Der Aufstieg: Die hier beschriebene Route über den Karwendelsteg ist weiter, aber auch viel abwechslungsreicher als der direkte Weg. Vom Parkplatz nach Norden zu den Häusern von Inrain. Beim zweiten Weg rechts und zur Pürzlkapelle hinauf. Leicht abwärts auf einen Fahrweg und noch 1 km in freiem Gelände talein. Nun rechts hinab zum Karwendelsteg bei einer eindrucksvollen Klamm. Kurzer Aufstieg, dann auf Forststraßen flach über den Wasserlegraben zu einer Verzweigung, wo man auf den direkten Weg trifft. Hier scharf nach links, durch den Wald zur Berglehne und schräg rechts durch den Latschenhang zur Hütte hinaus.

Der Abstieg: Zurück bis zur Straßenverzweigung. Jetzt geradeaus weiter, am Lablehner vorbei ins Tal der Isar hinab. Auf der Straße talaus zurück.

Möglichkeit einer Gipfelbesteigung: Alpin Erfahrene können in gut zwei Stunden die Pleisenspitze, 2547 m, besteigen, Wegspuren und Markierungen. Ein Abstecher ins Vorderkar ist auf jeden Fall lohnend, da es hier große Dolinen (Schachthöhlen) zu bewundern gibt.

Pleisenspitze von Südwesten.

41 Hochlandhütte, 1623 m

Unter Tiefkarspitze und Wörner

Mittenwald - Ochsenboden - Mittereck - Hochlandhütte - evtl. Steinkarlkopf; oder Karwendelbahn - Dammkar - Hochlandhütte

Talort: Mittenwald, 912 m, schmucker Marktflecken und reger Ferienort im Tal der Isar, schöne Barockkirche, bekannt als Geigenbauerort.
Ausgangspunkt: Entweder Talstation, 930 m, oder Bergstation, 2240 m, der großen Karwendelseilbahn.
Parkmöglichkeit: Großer Parkplatz an der Talstation der Seilbahn; direkte Zufahrt zu ihm von der Schnellstraße östlich von Mittenwald.
Gehzeiten: Mittenwald - Hochlandhütte 2½ Std., Karwendelbahn - Dammkar - Hochlandhütte 2½ Std., Hochlandhütte - Steinkarlkopf 1¼ Std.
Anforderungen: Zwischen Mittenwald und Hochlandhütte Bergwege ohne Gefahrenpunkte, beim Abstieg durchs Dammkar Passagen mit rundgetretenen Felsen und viel Geröll, etwas Trittsicherheit notwendig.
Höchste Punkte: Hochlandhütte, 1623 m, Linderspitze, 2372 m, evtl. Steinkarlkopf, 1981 m.
Einkehrmöglichkeiten: Hochlandhütte (teilweise bewirtschaftet), Dammkarhütte.
Sehenswertes: Eindrucksvolle Felslandschaft, Seilbahn in besonders steilem Gelände.

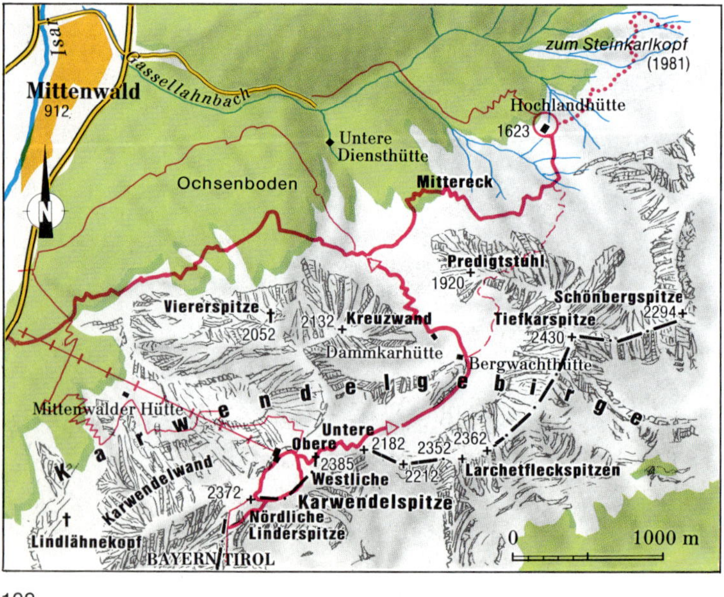

Tiefkarspitze und Larchetfleckspitzen.

Heute bieten wir Ihnen wieder einmal zwei sehr unterschiedliche Möglichkeiten. Sie können entweder von Mittenwald auf verschiedenen Waldwegen zu Fuß zur Hochlandhütte emporsteigen. Das ist eine Bergwanderung ohne Probleme. Sie können aber auch mit der großen Seilbahn - über ein eindrucksvolles Felsgelände - hinaufschweben zur Karwendelgrube, der Linderspitze, 2372 m, einen Blitzbesuch abstatten, um anschließend durchs Dammkar zur Hochlandhütte zu gelangen. Hier durchqueren Sie einen düster-eindrucksvollen Bergwinkel, gefüllt mit Geröll und überragt von ein paar wilden Felstürmen.

Aufstieg von Mittenwald: 300 m nördlich des Parkplatzes unter der Schnellstraße hindurch. Drüben nach links. Gleich danach zweigt nach oben der Weg zur Hochlandhütte ab. Auf ihm immer schräg durch den Wald empor bis unter das Dammkar. Flach nach Osten, dann steil auf das Mittereck. Den Karboden fast eben durchquerend zur bereits sichtbaren Hütte.

Übergang von der Karwendelbahn: Von der Bergstation aus kann man in 20 Min. die Linderspitze leicht besteigen (2372 m, sehr schöner Blick nach Süden). Dann entweder über die Dammkarscharten (etwas Trittsicherheit notwendig) oder durch den Tunnel zum Oberende des Dammkars. Auf Gras, dann über eine Steilstufe hinab ins untere Kar und zur Dammkarhütte. Ein Stück unterhalb trifft man auf den direkten Weg von Mittenwald.

Abstecher auf den Steinkarlkopf: Diese Aussichtskanzel liegt im Grat nördlich des Wörners. Von der Hochlandhütte erst flach nach Osten, dann über die Hänge steiler zum Steinkarlgrat und nach links zum kleinen, aussichtsreichen Gipfel.

42 Seinsköpfe, 1961 m

Sechs-Seen-Aussichtskanzel

Krün - Hüttlebachklamm - Schwarzkopf - Felsenköpfl - Seinsköpfe

Talort: Krün, 875 m, weitverstreute Gemeinde, Ferienort an der oberen Isar.
Ausgangspunkt: Isarbrücke in Krün.
Parkmöglichkeit: Vor der Brücke.
Gehzeiten: Krün - Schwarzkopf 1 Std., Schwarzkopf - Seinsköpfe 2 Std.
Anforderungen: Guter Steig.
Höchster Punkt: Östlicher Seinskopf, 1961 m.
Einkehrmöglichkeit: Keine.

Seinsköpfe hoch über Krün.

Die Soierngruppe des Karwendels schiebt gegen Westen einen Grat vor, der hoch über dem Tal der Isar bei Krün endet. Dieser Grat trägt die Seinsköpfe. Dank ihrer exponierten Lage schaut man wie aus dem Flugzeug auf die Bilderbuchlandschaft zu seinen Füßen, jenes Kuppenland zwischen Mittenwald, Wallgau und Klais mit seinen Wiesen, den Waldinseln, den zwischengelagerten Seen, den stattlichen Dör-

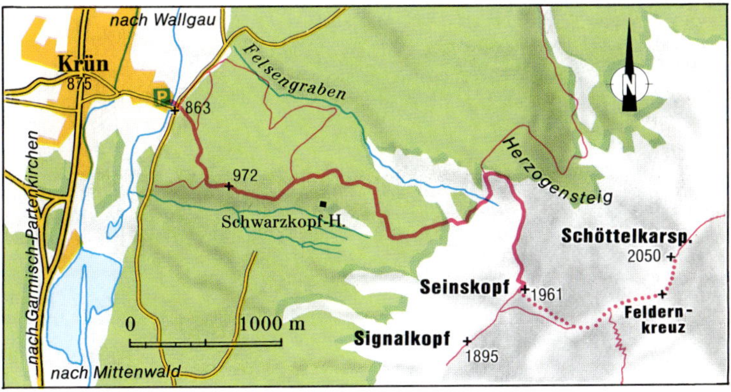

fern. 1100 m ragen die Seinsköpfe über das Tal empor, und doch dauert der Anstieg nur runde drei Stunden. Denn der anfangs wie eine Promenade wirkende, später aber kleine Weg steigt unmittelbar zu den Gipfeln an. Er führt dabei durch Wald, über Lichtungen und vorbei am Schwarzkopf, 1220 m, einer Aussichtskanzel mit Blick auf Mittenwald und das Wetterstein. Das Gipfelmassiv besteht aus mehreren Köpfen, wobei der höchste Punkt in dem nach Osten ziehenden Grat liegt. So schenkt nur der Westgipfel die beschriebenen Tiefblicke.

Der Aufstieg: Über die Isarbrücke bei Krün. Nun entweder gleich - immer etwas nach rechts - durch den Wald aufwärts, am Wasserschloß vorbei zu einem Unterstand am Rand des Hüttlegrabens; oder erst auf der Forststraße nach rechts und dann durch den Graben (Hinweisschilder „Klamm") selbst empor. Durch lichten Hochwald auf den Aussichtspunkt Schwarzkopf. Weiter durch den Wald bis in 1500 m Höhe. Jetzt nach links und über zwei felsige Gräben zu einer Schulter (Wegverzweigung). Am Felsenköpfl vorbei meist etwas rechts des Kammes in die Latschenregion hinauf. Über einen Grashang auf den Hauptgrat. Nach links auf den höchsten Punkt, nach rechts zum Westgipfel.

Möglichkeit einer Bergtour: Von den Seinsköpfen führt ein kleiner Steig - über weite Strecken in der sehr steilen Südflanke - hinüber zum Feldernkreuz, von dem man über eine kleine, aber scharf eingeschnittene Scharte die Schöttelkarspitze erreicht; gut 1 Std., Trittsicherheit in dem Schrofengelände unbedingt notwendig. Abstieg in den Soiernkessel siehe Tour 43.

43 Fischbachalm und Soiernkessel

Im Jagdrevier Ludwigs II.

Wallgau - Isarsteg - Fischbachalm - Lakaiensteig - Soiernhäuser - evtl. Schöttelkarspitze

Talort: Wallgau, 866 m, Ferienort am Nordrand der weiten Isarebene mit sehr schönem Blick auf Karwendel und Wetterstein.
Ausgangspunkt: Südöstlicher Ortsrand von Wallgau (Isarstraße).
Parkmöglichkeiten: Im Bereich des Ausgangspunktes.
Gehzeiten: Wallgau - Fischbachalm 2¼ Std., Fischbachalm - Soiernhäuser 1 Std., evtl. Soiernhäuser - Schöttelkarspitze 1¼ Std.

Anforderungen: Bis Fischbachalm bequem, Lakaiensteig schmal in teilweise etwas felsigem Gelände, Schöttelkarspitze ohne weitere Schwierigkeiten.
Höchste Punkte: Fischbachalm, 1405 m, Soiernhäuser, 1616 m, Schöttelkarspitze, 2049 m.
Einkehrmöglichkeiten: Fischbachalm, Soiernhäuser.
Sehenswertes: Felsiger Bergkessel mit zwei Seen.

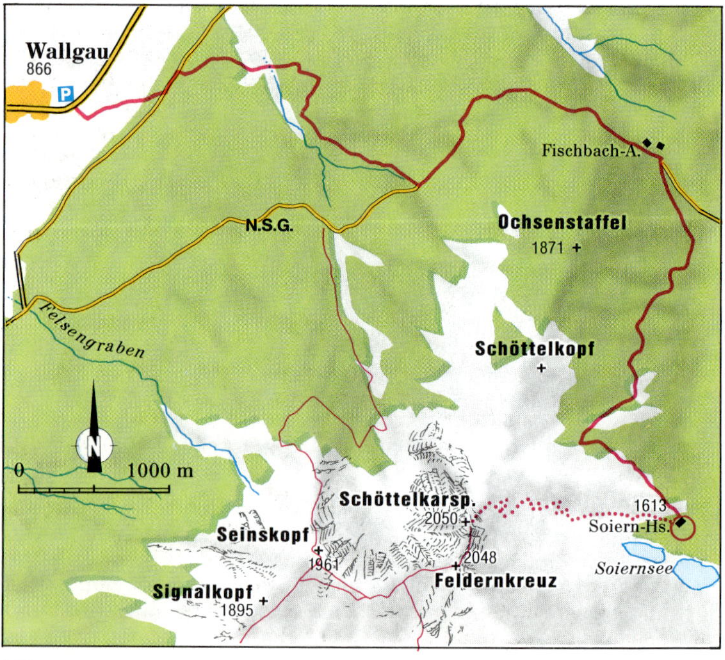

Schöttelkarspitze von Norden.

Es gibt immer Bevorzugte! Früher ritten die Vornehmen um den bayerischen König von Krün zur Fischbachalm empor und weiter durch den Hundstall bis in den so malerischen Soiernkessel mit seinen Seen und dem Kranz brüchiger Felsberge. Die Bediensteten aber mußten zu Fuß hinaufsteigen. An sie erinnert noch der „Lakaiensteig“, der kürzeste Weg von der Fischbachalm zu den königlichen Jagdhäusern im Soiernkessel, der die rinnenzerfurchten Hänge unter den Schöttelköpfen quert und Trittsicherheit verlangt. Heute gibt es bis in den Fischbachsattel eine Straße (von unsinniger Breite), die wieder nur ein paar Bevorzugte befahren dürfen. Ganz konkret: bis zur Fischbachalm kann jeder mühelos wandern, der Weiterweg in den Soiernkessel bleibt den etwas Geschickteren und Kräftigeren vorbehalten und Ausdauernde (evtl. in den Soiernhäusern übernachten) lassen sich natürlich auch eine Besteigung der Schöttelkarspitze nicht entgehen.

Zur Fischbachalm: Über den Isarsteg und quer über ein Schuttbett nach links. Links eines Bacheinschnittes durch Wald empor auf die große, von Krün heraufkommende Forststraße (man kann auf ihr auch in Krün starten). Auf ihr nach links noch längere Zeit durch den Wald zur Fischbachalm.

Der Lakaiensteig: Abwechslungsreicher, gut angelegter, teilweise sogar gesicherter Fußweg durch das Steilgelände. Schließlich kurz aufwärts zu den Soiernhäusern, die 70 m über den Soiernseen liegen.

Die Schöttelkarspitze: Auf dem ehemaligen Reitweg ohne nennenswerte Schwierigkeiten (falls der Weg nicht abgerutscht ist) gegen den felsigen Gipfelaufbau und steiler zum Kreuz (mit Buch) empor.

44 Krepelschrofen und Maxhütte

Ein Halbkreis um Wallgau

Wallgau - Krepelschrofen - Panoramaweg - evtl. Großer Wasserfall und zurück - Maxhütte - Wallgau

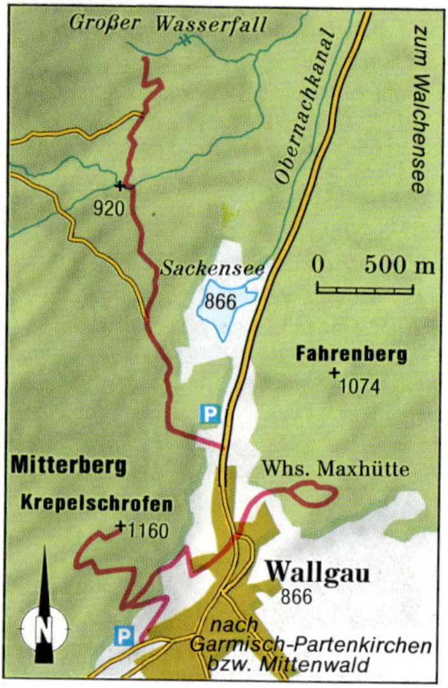

Talort: Wallgau, 866 m, Ferienort am Nordrand der weiten Isarebene mit sehr schönem Blick auf Karwendel und Wetterstein.
Ausgangspunkt: Im Westen des Ortes beim Tennisplatz (Zugspitzstraße).
Parkmöglichkeiten: Beim Tennisplatz.
Gehzeiten: Wallgau - Krepelschrofen 1 Std., Krepelschrofen - Maxhütte 1 Std., Rückweg 40 Min., Abstecher zum Großen Wasserfall (Hin- und Rückweg) 1 ¾ Std.
Anforderungen: Gute Wanderwege.
Höchste Punkte: Krepelschrofen, 1160 m, Maxhütte, 1022 m, Kanzel am Großen Wasserfall 920 m.
Einkehrmöglichkeiten: Maxhütte, Gasthäuser und Cafés in Wallgau.
Sehenswertes: Der Große Wasserfall.

Rechts: Wallgau vom Weg zum Krepelschrofen.

Wer keine größere Wanderung, sondern nur einen gemütlichen Ausflug unternehmen will, dem seien die beiden Höhen oberhalb von Wallgau empfohlen. Und wer damit noch nicht ausgelastet ist, kann ja noch den Abstecher zum Großen Wasserfall anhängen. Der Krepelschrofen bietet eine richtige Bilderbuch-Wanderung: ein netter, kleiner Steig, begeisternde Ausblicke, ein lichter, sonniger Wald und im Frühsommer auch eine Fülle von Alpenblumen. Später, drüben bei der Maxhütte, kann man dann bei Bier oder Kaffee den Blick über das weite, sonnige Isartal genießen, über dem die Felsketten des Wettersteins aufragen. Beim Großen Wasserfall aber kommt man um ein paar kritische Bemerkungen nicht herum. An sich gehört er zum Schönsten und Interessantesten in der gesamten Region. Der gewaltige Bach, der am Oberende seines Taleinschnittes unmittelbar aus dem Gestein hervorquillt, stürzt über viele kleine Felsstufen zu Tal. Leider endet der Weg auf einer allzu weit entfernten Kanzel!

Von Wallgau auf den Krepelschrofen: Der Aufstieg ist mit der Nr. 19 stets gut bezeichnet. Vom Tennisplatz zur Sonnleite und ein Stück auf dem Panoramaweg empor. Dann links ab und durch Wald zu einer Bank. Auf dem nun kleinen Weg durch Wald und über Lichtungen zum höchsten Punkt mit Blick nach Süden. Ein paar Minuten nördlich eine Bank mit Blick zum Walchensee.

Vom Krepelschrofen zur Maxhütte: Auf der Aufstiegsroute zurück bis zum Panoramaweg. Auf ihm nach Norden und noch an den letzten Häusern Wallgaus vorbei. Jetzt über die Hauptstraße und jenseits in zwei langgezogenen Schleifen zur Maxhütte hinauf. Zurück Weg Nr. 2 und durchs Dorf zum Parkplatz.

Abstecher zum Großen Wasserfall: Man kann bis hinter das letzte Haus Wallgaus an der Straße zum Walchensee mit dem Auto fahren und von dieser Stelle aus (Kreuzung des Panoramawegs Nr. 1 mit der Straße) alle drei Ziele als Abstecher ansteuern. Von dieser Stelle weg, der Markierung Nr. 23 folgend, auf einer Forststraße, am Schluß auf einem Fußweg zu einer kleinen Kanzel im Wald, die dem Wasserfall gegenüberliegt.

45 Simetsberg, 1840 m

Der einsame Berg hoch über dem Walchensee

Walchensee - Taferl - Tiroler Hütte - Simetsberg; evtl. Abstieg über Neuglägeralm

Talort: Walchensee, 806 m, Ferienort am gleichnamigen See auf einem kleinen Wiesenboden gelegen.
Ausgangspunkt: Von Walchensee auf der Straße zum Hotel Einsiedl. Nach weiteren 200 m zweigt rechts bei einem ehemaligen Steinbruch die kleine Straße nach Obernach ab. Start kurz hinter der Brücke über die Obernach.
Parkmöglichkeiten: Hinter der Brücke.
Gehzeiten: Parkplatz - Simetsberg 3¼ Std., evtl. Abstieg über die Neuglägeralm 2½ Std.
Anforderungen: Keinerlei Schwierigkeiten, für den Abstieg ein gewisses Orientierungsvermögen notwendig.
Höchster Punkt: Simetsberg, 1840 m.
Einkehrmöglichkeit: Keine.

Walchensee, hinten das Karwendel.

Mit der Bezeichnung „einsamer Berg“ kann man leicht falsche Erwartungen wecken. Natürlich gibt es auch manchen Wanderer, der zum Simetsberg hinaufsteigt. Nein, das „einsame“ soll sich in diesem Fall auf die Art und Lage des Gipfels beziehen. Dieser gewaltige, oben abgerundete Kegel steht völlig alleine und isoliert über den tief eingeschnittenen Tälern, ein Massiv, das nur über einen sehr tiefen Sattel mit dem übrigen Krottenkopfgebiet zusammenhängt. Es ist eine besinnliche Tour dort hinauf; es gibt nichts Dramatisches zu bestaunen. Um so schöner aber ist dann der Gipfelblick auf den Walchensee und ins Loisachtal bei Eschenlohe, zum Wetterstein, zum Karwendel . . .

Der übliche Aufstieg: Kurz hinter der anfangs erwähnten Brücke verzweigt sich die Straße. Man folgt dem rechten Ast hinauf in den Wald, hält sich dann aber bei der zweiten und dritten Verzweigung (beim „Taferl") stets links. So erreicht man jenen Fahrweg, der etwa 2 km lang schräg durch die waldbedeckte Simetsberg-Ostflanke nach Süden führt. Bei der nächsten Verzweigung biegt man scharf nach rechts ab. Nach mehreren langgezogenen Schleifen erreicht man schließlich ein Tälchen im Osten des Gipfels. Durch dieses steigt man weiter auf und läßt den Wald allmählich unter sich. In 1600 m Höhe betritt man die weiten, freien Böden und gelangt, links ausholend, auf den Gipfel.

Abstiegsmöglichkeit (nicht ganz leicht zu finden): Dem Gipfel ist südlich eine gewellte Wiesenschulter vorgelagert. Etwa von der Mitte dieser Schulter führt rechts (Südwesten) ein Steig in ein weites, sehr stark gegliedertes Paßgelände. Nun nach Südosten zur Neuglägeralm und weiter nach Osten in den kleinen Sattel am Neuglägerkopf. Auf Fuß-, später auf Fahrweg bis in 1200 m Höhe hinab, wo man auf einen querlaufenden Fahrweg trifft. Auf ihm nach links zum Aufstiegsweg.

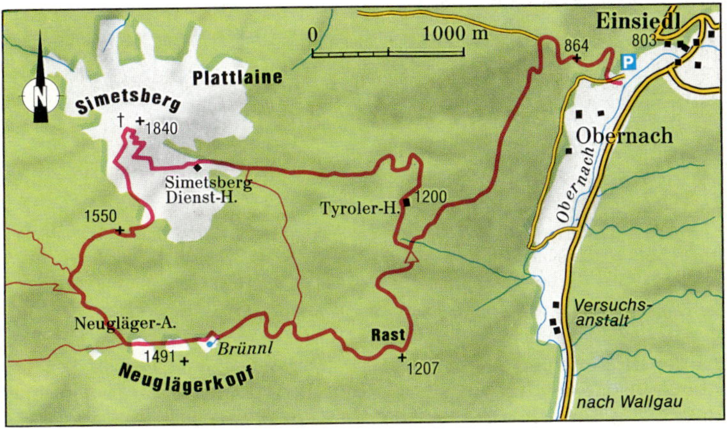

46 Jochberg, 1567 m

Das klassische Ziel zwischen Walchen- und Kochelsee

Kesselberghöhe – Jochberg; evtl. Jachenau – Berg – Jocheralm – Jochberg – Kotalm – Hirschhörnlkopf – Jachenau

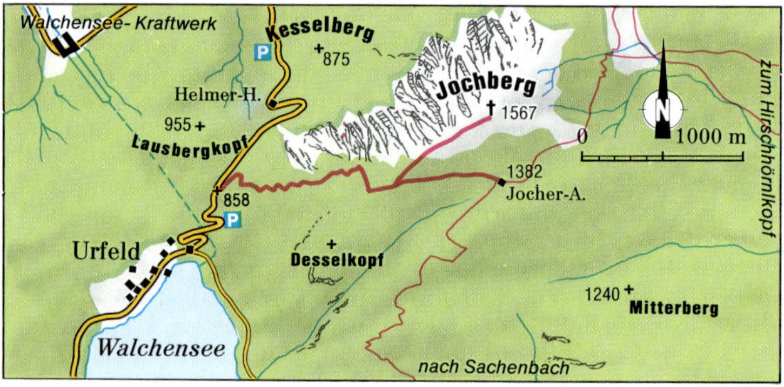

Talort: Urfeld, 804 m, auf dem ganz schmalen Uferstreifen am Nordrand des Walchensees gelegen mit einem als Fremdkörper wirkenden großen Appartementhaus.
Ausgangspunkt: Kesselberghöhe, 858 m.
Parkmöglichkeiten: südlich oder nördlich der Paßhöhe.
Gehzeit: 1¾ Std.
Anforderungen: Bergwege ohne besondere Schwierigkeiten.
Höchster Punkt: Jochberg, 1567 m.
Einkehrmöglichkeit: Jocheralm.
Sehenswertes: Tiefblicke auf Kochelsee und Walchensee.

Jochberg heißt eines der bekanntesten und meistbesuchten Wanderziele in den Bayerischen Bergen. Es ist ein Gipfel mit zwei Gesichtern; von Süden, quer über Walchensee gesehen, präsentiert er sich als abgerundeter Graskopf über Waldhängen, nach Norden jedoch bricht eine mehr als 500 m hohe, stark zerfurchte Wand ab. Der übliche Aufstieg von der Kesselberghöhe aus gehört zu den zwar kurzen, aber lohnenden und durchaus abwechslungsreichen Bergfahrten, ist aber leider eine Allerweltstour. Für jene, die den Jochberg etwas individueller (und anstrengender) erleben wollen, bringen wir noch eine Anregung für eine Rundtour, auf der man nur wenige Menschen treffen wird.

Der übliche Aufstieg: Direkt von der Paßhöhe weg anfangs durch dichtes Buschwerk und durch Jungwald, dann durch lichten Hochwald bis auf eine Gratschulter. Nun längs des Kammes weiter direkt zum Gipfel (man kommt

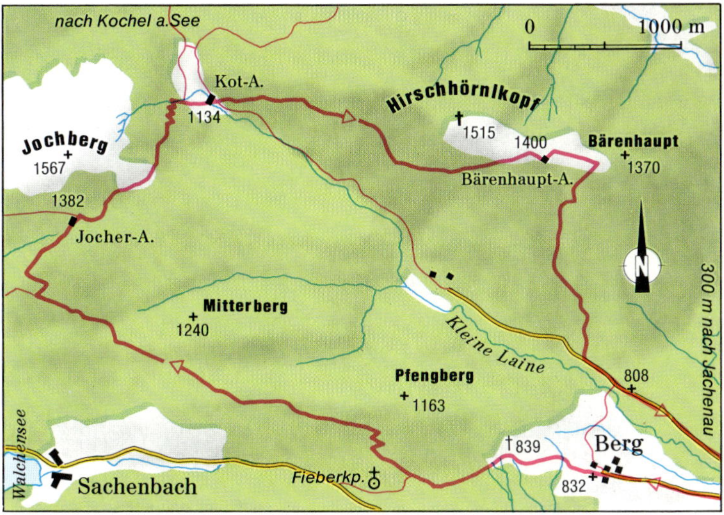

bald aus dem Wald auf die freien Hänge). Besonders reizvoll ist der Tiefblick auf Walchen- und Kochelsee. Wer bei der Jocheralm einkehren will, geht zurück zur Gratschulter und zweigt links auf den Weg zur weithin sichtbaren Alm ab.

Rundtour Jochberg – Hirschhörnlkopf: Diese teilweise einsame Wanderung führt durch weite Bergwälder. Trotzdem öffnet sich unterwegs immer wieder der Blick auf den Walchensee und die Gipfel rundum. Für die gesamte Rundtour braucht man 5 bis 6 Std. Ausgangspunkt ist der zu Jachenau gehörende Weiler Berg, 832 m.
Man folgt dem Fahrweg, der hinüber nach Sachenbach am Walchensee führt, bis kurz vor die Fieberkapelle. Nun geht es diagonal durch die teilweise recht steilen Hänge des Pfeng- und des Mitterbergs empor auf einen waldreichen Boden und in einem links ausholenden Bogen zur Jocheralm. Von dort auf den Gipfel des Jochbergs und wieder zurück zur Alm. Nun nach Nordwesten hinüber und hinab zu den Wiesen der Kotalm. Nach rechts zur Hütte. Kurz danach Wegverzweigung. Quer durch die Waldhänge zur Bärenhauptalm auf dem Ostrücken des Hirschhörnlkopfes, 1515 m, den man von dort aus in 20 Min. erreichen kann. Steiler Abstieg nach Süden bis zum Waldrand. Von dort rechts hinüber zu dem Ausgangspunkt Berg.

47 Herzogstand - Heimgarten

Aussichtspavillon und „Teststrecke“

Gondelbahn - Fahrenbergkopf - Herzogstand; evtl. Gratweg zum Heimgarten und Abstieg über Ohlstädter Alm

Talort: Walchensee, 806 m, Ferienort, am gleichnamigen See auf einem kleinen Wiesenboden gelegen.
Ausgangspunkt: Bergstation der Gondelbahn unmittelbar unter dem Fahrenbergkopf, 1627 m; Talstation am Nordende von Walchensee.
Parkmöglichkeit: Großer Parkplatz an der Talstation.
Gehzeiten: Bahn - Herzogstand 3/4 Std., Herzogstand - Heimgarten 1 1/2 Std.

Anforderungen: Zum Herzogstand bequeme Wege. Zum Heimgarten Gratbegehung mit einigen Felspassagen (teilweise gesichert), Trittsicherheit und Schwindelfreiheit notwendig.
Höchste Punkte: Herzogstand, 1731 m, Heimgarten, 1790 m.
Einkehrmöglichkeiten: Herzogstandhäuser, Heimgartenhütte (Gipfel).
Sehenswertes: Tiefblicke auf den Kochelsee und den Walchensee.

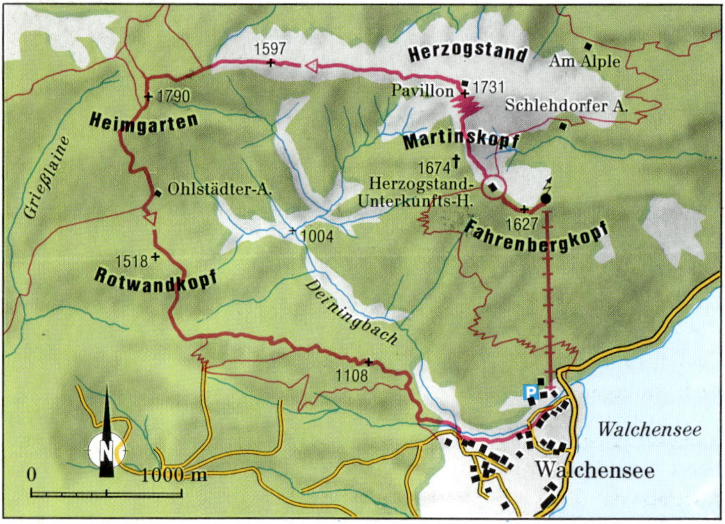

Schon die Bayernkönige scheinen Freude an einer besonders großartigen Aussicht gefunden zu haben, sonst stände nicht oben auf dem Herzogstand ein Pavillon, von dem aus man das ganze Alpenvorland bis hinaus zu den großen Seen überblicken kann. Es gäbe dann auch nicht den bequemen Serpentinenweg, der die Besteigung dieses an sich großen Gipfel

Blick vom Heimgarten zum Herzogstand, links der Kochelsee.

zu einem Spaziergang werden läßt (von der Bergstation der Bahn aus). Ganz andere Anforderungen stellt jedoch der Steig, der stets im Bereich des - teilweise felsigen - Grates hinüberführt zum Heimgarten. Gibt es eine bessere Gelegenheit, seine alpinen Fähigkeiten, seine Trittsicherheit, seine Schwindelfreiheit zu testen?!

Von der Bahn auf den Herzogstand: Von der Bergstation eben zu den nahen Herzogstandhäusern. Dann nördlich um den Martinskopf und in weiten Kehren zum Gipfel.

Vom Herzogstand zum Heimgarten: Diesen sehr viel begangenen Weg kann man wohl nicht verfehlen, er führt meist über die Gratschneide; nur wenige Felspartien werden südseitig umgangen. Schließlich über einen Hang zum Heimgarten.

Abstieg vom Heimgarten nach Walchensee: Über den Grat nach Süden, dann über sehr steile, teilweise bewaldete Hänge zur Ohlstädter Alm hinab. Etwa eben östlich unter dem Rotwandkopf hindurch auf einen Rücken, über den man bis kurz oberhalb des Talbodens absteigt. Jetzt nach rechts zwischen ein paar Felsen hindurch und durch bald flachen Wald zum Rotwandgraben. Bei der Wegverzweigung links und immer parallel zum Graben zurück.

48 Heimgarten, 1790 m

Zwei Routen zum Hauptgipfel des Murnauer Landes

Ohlstadt - Schaumburg - Käseralm - Heimgarten - Rauheck - Wankhütte - Ohlstadt

Talort: Ohlstadt, 664 m, schön gelegener Ferienort zwischen dem Heimgartenmassiv und dem Murnauer Moos.
Ausgangspunkt: Oberes Ortsende, 700 m.
Parkmöglichkeiten: Kleiner Parkplatz oberhalb der Häuser.

Gehzeiten: Ohlstadt - Wankhütte 1¾ Std., Wankhütte - Gipfel 1½ Std., Abstieg 2 Std.
Anforderungen: Ordentliche, teilweise etwas steilere Bergwege.
Höchster Punkt: Heimgarten, 1790 m.
Einkehrmöglichkeit: Heimgartenhütte.

Fünf markierte Steige ziehen von allen Seiten zum Heimgarten, fünf Routen, von denen jede ihren ganz eigenen Charakter zeigt. Die von Ohlstadt heraufkommenden Wege bieten viel Spannung und Abwechslung, zudem treffen sie erst genau oben auf dem Gipfel mit den Routen von Tour 47 zusammen. Da kann man schon ein zweites Mal dem Heimgarten aufs abgerundete Grashaupt steigen. Ja selbst die beiden Ohlstadt-Routen verlaufen vollkommen getrennt. Der Reiz der einen liegt in der Überschreitung des Rauheck-Grates, während man bei der anderen eine sehr vielgestaltige, kleinräumige, immer wieder von Felszacken verzierte Landschaft bewundern kann.

Aufstieg über die Wankhütte: Über die Brücke und auf dem Fahrweg schräg rechts über die Wiesen zum Waldrand. Lange Zeit schräg nach rechts durch den Wald empor, dann in dem kleinen Tälchen des Schwabwassergrabens zur Wankhütte. Nach links auf den Kamm und über ihn - nur beim Rauheck kurz in der Südflanke - an das Heimgartenmassiv heran. Stets auf dem Kamm bleibend zum Gipfel.

Abstieg über die Käseralm: Zurück zum nördlichen Grateck, noch kurz über den Nordgrat, dann steil nach rechts hinab in die Grube beim Rauchköpfl. Über eine weitere Stufe hinab, dann nach links zur Käseralm. Nun auf dem Weg immer nach Westen, am Illing vorbei und durch den Wald nach Ohlstadt.

Links: Ohlstadt.

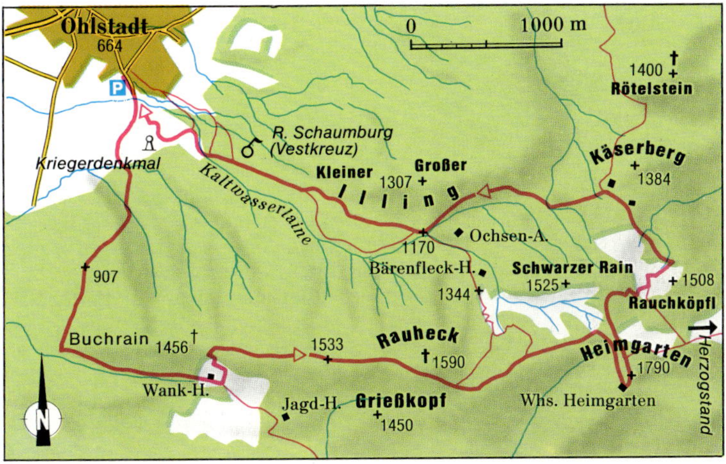

49 Rötelstein, 1400 m

Der letzte nördliche Vorposten

Kreut (Glentleiten) - Auf der Platten - Rötelstein; evtl. Heimgarten

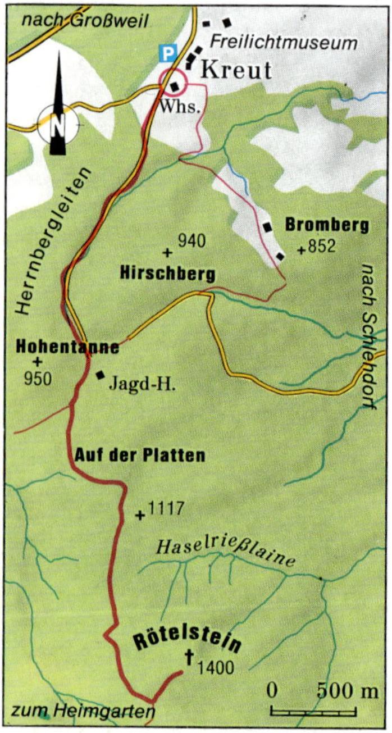

Talort: Großweil, 620 m, Dorf am Alpennordrand nahe der Autobahnausfahrt Murnau / Kochel.
Ausgangspunkt: Von Großweil 1,9 km zum sehenswerten Bauernhofmuseum auf der Glentleiten und noch 500 m weiter zum Ghs. Kreut, 790 m, auf einem Wiesenrücken hoch über der Loisach, herrliche Ausblicke.
Parkmöglichkeit: Geeignete Stellen 200 m hinter dem Gasthaus Kreut vor dem Waldrand.
Gehzeiten: 2 Std. zum Rötelstein, evtl. Weiterweg zum Heimgarten 1½ Std.
Anforderungen: Bis zum Bergfuß ohne alle Beschwerden, dann jedoch steiler, steiniger Gipfelaufbau.
Höchster Punkt: Rötelstein, 1400 m.
Einkehrmöglichkeit: Nur Gasthaus Kreut beim Ausgangspunkt.
Sehenswertes: Bauernhofmuseum Glentleiten.

Rechts: Durch lichten Wald zum Rötelstein.

Dem Heimgarten ist nördlich noch ein breites Waldgebiet vorgelagert, aus dem ein Kopf kräftig herausragt. Zwar überzieht der Wald weitgehend auch ihn, doch schon der Name Rötelstein deutet auf den steilen Aufbau des Berges hin. So schauen hier und dort die Felsen heraus; der Gipfel selbst ist dem Massiv als ein kecker, spitzer Hut aufgesetzt, und nach Nordosten stürzen die Hänge ganz ungewöhnlich steil in die Tiefe. So bekommt diese Voralpentour einen ganz eigenen Charakter: Nach den fast immer flachen und wirklich bequemen Straßen und Wegen über Lichtungen und durch viel Wald folgt ein kurzer, aber recht steiler und sogar etwas mühevoller Aufstieg von gut zwanzig Minuten zum kreuzgeschmückten Gipfel. Und das Besondere der Tour, sie beginnt auf der Glentleiten, wo das wahrlich sehenswerte Bauernmuseum steht. Man hat also Heimatkultur, Waldspaziergang und einen steilen Gipfel mit interessanter Aussicht bei einem Ausflug vereinigt.

Der Aufstieg: Auf der Forststraße durch Buchenwald in ein Tälchen und weiter über Lichtungen und zwischen Bäumen zu einem Jagdhaus. Bald danach bei der Verzweigung links auf dem alten Weg erst im Hochwald, später in einer Gasse zwischen Jungwald auf eine Schulter. Flach über Böden und an einem ausgeprägten Grat entlang zum Nordwestfuß des Rötelsteins. Durch die westseitigen Hänge an auffallenden Felsen vorbei zu einer Forststraße. Eine Kehre der Straße empor, dann auf altem Ziehweg, bald auf einem Fußweg zwischen einzelnen Fichten immer schräg rechts aufwärts in den Sattel zwischen dem felsigen West- und dem höheren Ostgipfel. Über eine steile, stumpfe Gratkante, ganz am Schluß über Gras zum Gipfel mit großem Kreuz und Gipfelbuch.

50 Kuhflucht

Das Tal der tosenden Wasser

Farchant-Mühldörfl - Kuhfluchtgraben - Wasserfälle - Quelle; evtl. Hoher Fricken - Frickenkar - Oberauer Steig - Mühldörfl

Talort: Farchant, 672 m, Ferienort knapp nördlich von Garmisch-Partenkirchen im Tal der Loisach.
Ausgangspunkt: Ortsteil Mühldörfl.
Parkmöglichkeit: In Mühldörfl.
Gehzeiten: Zum ersten Wasserfall 25 Min., Weiterweg zur Karstquelle ¾ Std., Besteigung des Hohen Frickens 4 Std. (von Mühldörfl aus).
Anforderungen: Bequemer Weg bis zum ersten Wasserfall; Pfad zum Bergsturz und auf den Hohen Fricken.
Höchste Punkte: Wasserfall, 790 m, Felssturz, 1150 m, Hoher Fricken, 1940 m.
Einkehrmöglichkeit: Keine.
Sehenswertes: Wasserfälle und Schluchten der Kuhflucht.

Kuhflucht - das klingt sehr geheimnisvoll (in Wirklichkeit ist es nur eine Flurbezeichnung am Fuß des Hohen Frickens). Und das paßt so recht zu unserem heutigen Ausflug, denn der Kuhfluchtbach ist ein

Kuhflucht-Wasserfälle bei Farchant.

echtes Phänomen. Sein ganzes Tal ist nicht länger als drei Kilometer, und doch tost hier – vor allem im Frühsommer – ein Bach mit erstaunlichen Wassermengen. Sie haben sich tief in das brüchige Gestein eingefressen, bilden Schluchten und drei Wasserfälle. Bis zum untersten Fall führt ein bequemer Wanderweg. Der Erfahrene aber wird noch bis zu einem Felssturzgebiet ganz jungen Datums aufsteigen, denn dort erwartet ihn ein großartiges Schauspiel: gegenüber quillt der Bach wie ein artesischer Brunnen aus einer senkrechten Felswand.

Zum Kuhflucht-Wasserfall: Zwischen den Häusern Mühldörfls zum Waldrand und durch den auffallend lichten, grünen Wald flach hinüber zum Bach. Am rechten Ufer entlang talein zum unteren Wasserfall.

Weiterweg zum Felssturzgebiet: Über die Eisenbrücke und auf dem kleinen Steig über die steilen Hänge aufwärts, teils an der Kante über dem Taleinschnitt, teils links in den Waldhängen. Wo in 1100 m Höhe der Steig nach links in den Wald führt, bleibt man an der Kante (alte Markierungen) und steigt gerade bis zum Felssturz empor. Durch die teilweise wackeligen Blöcke schräg rechts empor, bis der Blick auf die große Quelle frei wird.

Möglichkeit einer Gipfeltour: Man bleibt stets auf dem oben erwähnten Steig, der durch das sehr steile Gelände bis zum Gipfel des Hohen Frickens führt. Abstiegsvariante: Über den Grat nach Nordosten bis in den Sattel vor dem Bischof. Nun links hinab ins Frickenkar und auf dem Oberauer Steig durch steilen Wald bis knapp über das Tal. Bei der Wegverzweigung links und dann am Rand der Wiesen zurück nach Farchant.

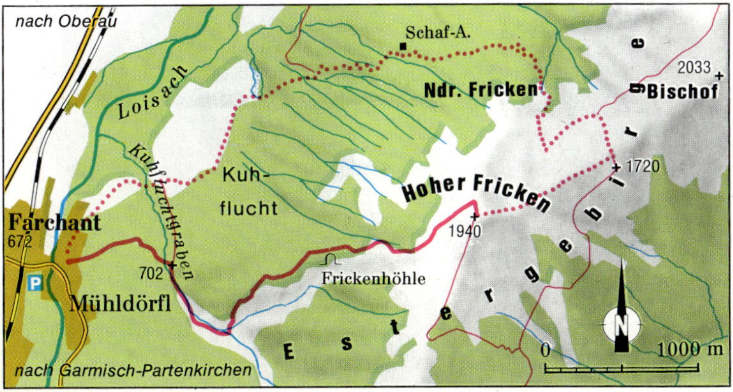

Stichwortverzeichnis

Die Zahlen hinter den Begriffen verweisen auf die Seitenzahlen.